違いがわかればもっとハッピー！
夫婦の異文化交流術

男と女は、イヌとネコ

著書 池川 明（医学博士）

BAB JAPAN

はじめに

こんにちは。産婦人科医の池川明です。

私はかれこれ20年近く胎内記憶の研究を行ってきたのですが、この本は、タイトルを見てもわかるように、はじめて「夫婦関係・パートナーシップ」について述べた内容になっています。

これまでお産を通じていろいろなご夫婦と接してきた中で、私はあるとき、夫婦には男女間の根本的な違い、ギャップがあるのではないかと感じるようになりました。

赤ちゃんのお母さん、お父さん双方の話を聞いていると、二人とも愛情がなくなったわけではないのに、お互いに「理解できない」とか「もう離婚しかない」といった話がよく出てくるからです。

そこで、婚約関係にあるカップルから新婚のご夫婦、ベテランご夫妻まで、たくさんのお父さんとお母さんの生の声を聞き取りながら夫婦の意識調査をしてきました。すると、そもそもなぜ男女、夫婦には根本的なギャップがあるのか？　ついにその理由を自分なりに突き止めることができたのです。

それは、**お父さん（男性）は犬で、お母さんは（女性）は猫だということです！　男と女はイヌとネコほど生態が異なる、異種動物のような関係**だったのです。にもかかわらず、**お互いに同じ人間だと「勘違い」して、それぞれが自分と同じような思考回路で、同じような反応をすることを期待していた。**

ここに根本的なギャップがあるのではないか、と考えるに至りました。

この男女のイヌ・ネコ論に基づくと、よくある夫婦間の勘違いやこじれの原因がスッキリと理解できます。その点を第三者の立場で、通訳するように説明すると、「だからなんですね！」「そういわれてみれば納得できます！」と、なぜ二人の間にズレがあったのかを理解されるのです。

夫婦間の問題は、いくらパートナーや身内が説明しようとしても、感情や利害が絡むので理解しづらいんですね。

その点、私は中立的な立場なので、双方とも冷静に話を聞いてくれます。そして、最後には、みなさん男女のイヌ・ネコ論に共感してくれます。

試しにこの仮説（「男女のイヌ・ネコ異文化論」）を海外の講演会でも話してみたところ、フィンランドや中国などでも大ウケでした。おそらくこれらの問題は、人類全体に共通しているのではないかと思います。

本書を読み進めていただくうちに、きっとみなさんも「なるほど！」「わかる、わかる！」とご納得いただけるのではないでしょうか。

というわけで、とってもシンプルな**男女・夫婦のイヌ・ネコ異文化論**をどうぞお楽しみください。

目次

PART 3 イヌ型男子のしつけ方、ネコ型女子のなだめ方

PART 4 産婦人科医が語る 子育てを通じた男女の役割と目的

PART 5 「異文化」が育む魂の成長

PART 1

男女関係は イヌとネコの 異文化コミュニケーション

男女を動物にたとえると……

恋人同士や夫婦の男女のカップルが、お互いの違いを認め合いながら、いかにハッピーな人生を歩んでいくか―― それがこの本のメインテーマです。

二人がともに幸せになれる関係を築くためには、異文化コミュニケーションの視点と、目には見えない「魂の視点」がとても大切です。

そこで、これまでの胎内記憶の調査・研究からわかったスピリチュアルな内容も踏まえながら、私なりの考えをお伝えできればと思います。

まずは、この本で皆さんにお伝えしたい要点を先に述べておきましょう。

男性は、イヌ
女性は、ネコ

こういうと、

「えっ!? じゃあ、うちの旦那さん（彼氏）はイヌなの？」

そう思われて怒り出す女性もいるかもしれません。産婦人科医として、これまで数多くのご夫婦に接してきた私の経験からみたら、実はそうなんです！

もちろん、個人差や例外はありますが、基本的に、**男性はイヌによく似た気質がとても強い。**そして、**女性はネコに似た気質が圧倒的に強い**のです。

これは、これまで私が聞き取った夫婦の意識調査の結果と長年の臨床に基づく一つの見解です。もちろん異論・反論もあろうかと思いますが、とりあえずその前提で読み進めていただければ、納得いただける点も多いのではないかと思います。

なぜ男性はイヌで、女性はネコなのか？

その根拠について述べる前に、**そもそも男女・夫婦の間にはどんな違いがあるのか？**について確認しておくことにしましょう。

旦那さんにとって幸せのシンボルは、奥さんの「満面の笑み」

夫婦は、ともに幸せになることを決めてきた魂のお相手。

ところが、「はじめに」でも述べたように、赤ちゃんを授かったお母さん、お父さんたちの話を聞いていると、二人とも愛情がなくなったわけではないのに、お互いに「理解できない」とか「もう離婚しかない」といった話になってしまいます。

そこで私は、いろいろなご夫婦の生の声を聞き取る意識調査をしてみようと思い立ち、「妊娠しました！」とご夫婦で来院される旦那さんと奥さん双方に、いろいろな質問をしてみました。

まず、旦那さんに対して、

「旦那さんはなぜ旦那さんをやっているんですか?」

と聞きます。普通そんなことをいきなり聞く人もいませんよね? ほとんどの男性からはすぐに返事が返ってこなくて、「うーん……」といった感じで黙ってしまいます。

たぶん結婚してからなぜ自分が旦那を続けているのか、ほとんどの男性は考えたことがないのだと思います。いわゆる家庭における自分の存在価値への質問です。

中には、少し照れぎみに「それは僕が妻のことを好きだったからじゃないですか」などと答える人もいました。結局、「自分はなぜ妻の夫になったのか?」について、改めて考えたことがない男性が多い印象を持ちました。


奥さんたちに対しても同様の質問をしたのですが、ほとんど旦那さんと似たような反応で、自分がなぜ旦那さんの奥さんでいるのか、考えたことのない人が多いようでした。

また、旦那さんに、「何か奥さんにしてあげたいことはないですか?」と尋ねると、「家を買ってあげたい」「海外旅行に連れていってあげたい」などと答える男性が多くいました。

「それはなぜですか?」と質問を続けていくと、ほぼ全員に共通していたのは、**奥さんを**

「幸せにしたいから」という理由でした。

つまり、旦那さんが旦那さんを続けるほとんどの理由は、奥さんを幸せにしたいから、なのです。

私はさらに質問を続けました。

「奥さんを幸せにするとして、奥さんが幸せを感じているのかどうかを、どこで判断しますか？　奥さんに幸せメーターがついているとわかりやすいですが、そんなものはありませんよね？」

すると**ほぼ全員の男性が、奥さんの笑顔や「満面の笑み」と答えた**のです。

そこで、「奥さんの笑みを花火にたとえたらどんな花火がよいですか？」と尋ねると、ほぼ全員が「大きな打ち上げ花火がいいですね」と、答えてくれました。

かたや奥さんに、「旦那さんはそういっていますが、普段旦那さんに対してどんな花火（笑顔）をあげていますか？」と聞くと、なんと、ほとんどの奥さんが同じ答えなのですが、「線香花火です」と答えるのです。

中には、
「私の場合は線香花火じゃなくて、ただの線香です」
「花火、湿気っていて火がつきませんでした」
という女性もいたくらいです。

旦那さんにさらに、「きれいな若い女性の、打ち上げ花火のような満面の笑顔と、奥さんの、同じくらいの満面の笑顔ではどちらがいいですか？」と聞きました。

その質問を旦那さんにしたことを話すと、奥さんは「それは当然私でしょ！」と自信満々に答える方が約半数。「若いきれいな女性かな？」と自信なげに話す方がほぼ半分です。ところが男性はほぼ例外なく「もちろん奥さんです」と言い切ります。女性は、ご自分の満面の笑みが、夫にとっては若くてきれいな女性よりも何倍も素晴らしいということに気がついていない人が多い、ということらしいのです。

私はこうしたご夫婦への聞き取り調査によって、男女・夫婦間には基本的なギャップがあることに気づきました。

つまり、こういうことです。

世の男性が、自分が幸せにしたいと思っている、大好きなパートナーに求めているのは、大きな打ち上げ花火のような「満面の笑み」。

その笑顔を見て、「あぁ、彼女は今も幸せなんだ！」と大いに満足感を得て、モチベーションが上がる。もしかするとそれは、奥さんの笑顔が結婚当初や妊娠前の喜びの振動数と共鳴するからかもしれません。

ところが実際には、結婚後、奥さんの笑顔は一緒に暮らすうちに、だんだんと「線香花火」のようになってくる、ということのようです。

いつまでも結婚当初のような初々しい満面の笑みを期待している旦那さんに対して、奥さんは結婚生活が長くなるにしたがい、日常の生活があたりまえすぎて、幸せなはずなのに幸せを感じなくなってくるようなのです。

これは子育てにもあてはまります。当初子どもが生まれてとてもうれしかったのに、毎

日子どもといると、子どもがいるのがあたりまえすぎて、幸せを次第に感じなくなってしまいます。それどころか、思いどおり育っていかない子どもに対して腹を立てる、というようなことと似ていると思います。

また反対に、奥さんからすると喜んでいるのに、旦那さんからするとあまり喜んでいないように見えてしまうこともあります。すると、「なんだ、冷たいな……」と意気消沈し、奥さんの笑い顔が消えていった理由もかいもくわからないまま、悶々《もんもん》とした毎日を過ごしているのです。

ここで思わずうなずいてしまう男性は多いと思いますが、このような話は、言われないとずっと気がつかないことなのです。

命令されないとわからないイヌ、察して動くことを期待するネコ

たとえばこんな経験はありませんか？　奥さんが旦那さんに「おしょうゆを買ってきて」と頼んだ場合。旦那さんは、買い物に行ってくれますよね？

これは棒を投げて「ジョン！　取ってこい」とワンちゃんに命令するのと似ています。すると、一目散に棒を取りに行って帰ってきます。そのときにワンちゃんは期待することがありますよね？

そうです。「ジョン！　よしよし」となでまわされることです。

これが買い物だと、旦那さんは奥さんを喜ばせようと思って、張りきって買い物に行きます。買い物棚にたくさんのしょうゆを見ると、何を買おうと思うかご存じですか？　たいていは奥さんのために一番よい物を買う傾向があるのです。

それに、やめておけばいいのに、「このしょうゆにはこの刺し身だよね」と、今晩の献立は違うのに、頼まれていない刺し身まで一緒に買ってしまう、なんてことをします。

すると、奥さんは「なんでこんな高いしょうゆを買ってきたの⁉　いつもうちで使っている（安い）しょうゆでよかったのに」とか、「また余計なものを買ってきて！」と怒ってダメ出しをする。

旦那さんは、粗相をして叱られたイヌのように、しょぼくれてしまう。

いくらワンちゃんだって、くじけますよね。「ジョン！　棒を取ってこい」って言われて取ってきたら、「遅い」とか「違う」とか言われて頭をコツンとやられた感じ。

それが続くと、ワンちゃんもすねたり、自分は役立たずだと思ったりしてしまいます。

つまり、こういうことです。

旦那さんは、いちいち言葉で気持を伝えられたり、命令を出されたりしないとわからないイヌタイプ。

奥さんは、相手も自分と同じように察して、動いてくれるのを期待しているデリケートなネコタイプ。

もちろん、個人差はありますし、決してどちらが良い、悪いでもありません。中にはイヌ型女子やネコ型男子もいます。厳密にいうと、一人の中にイヌ性とネコ性の両方があるのでしょう。

だから、イヌ型の旦那さんは、奥さんのご機嫌をうかがったり、喜ばせようとするとき、言葉による具体的な指示・命令がないと、何が正解かわかりません。そこで、よかれと思って、自分の勝手な判断で動いてしまうのです。

自分が良いと思うものが、相手も良いと思うに違いないと勘違いしがち。そして、**きっと笑顔で喜んでくれるに違いない、と勝手にウキウキ気分になるのです。**

一方、ネコ型の奥さんは、「それくらいわかるでしょ!?」と思っているので、細かな指示は出しません。旦那さんが勝手な判断で違うことをしてしまったら、「わかってないなぁ」と機嫌を損ねるのです。

奥さんは、言葉にしなくても、普段の様子を見て察して動いてくれるのが、旦那さ

んの奥さんに対する思いやりだと思っているからです。

ワンちゃんにとっての幸せは、飼い主が喜んでかわいがってくれること。すなわち、旦那さんの一番の喜びは、自分が奥さんの役に立って、奥さんを笑顔にすることができたとき。かたや、奥さんにとっての幸せは、ワンちゃんがいつも自分だけを見てくれて尻尾を振ってくれること＝旦那さんがいつも寄り添うようにそばにいてくれることではないかと思うのです。

旦那さんにとっても奥さんにとっても、笑顔で温かい家族の団らんという、安心・安全な空間にいることこそが、最も幸せを感じる瞬間だといえるのではないでしょうか。

いかがですか？　もしこれに似た経験があるなら、それはもう立派なイヌ型とネコ型夫婦といえるでしょう。

ところが**問題は、このような根本的な違いについて、イヌとネコの双方が理解していないこと**です。

飼い主に尻尾を振るイヌ、クールな目線の気ままなネコ

世の旦那さん方は、奥さんの笑顔が見たくて、こりずにご機嫌をうかがおうとし続けます。たとえば、たまにサプライズでプレゼントを買ってきたり、二人でどこかに出かけようと奥さんを誘ってみたり……と、実にけなげに。

ところが、世の奥さん方は、旦那さんが買ってきたプレゼントを、気に入らずにゴミ箱に直行させます。

その反応に旦那さんはガックリ。まさに、ワンちゃんが叱られた状態です。それどころか、奥さんから、

「こんなむだ遣いして！」

とか、

「余計なもの買ってこないで！」

といった、クールな態度に出られることがままあって、さらに傷口に塩を塗られたようにしょぼくれてしまいます。

気の毒なことに、旦那さんは、なぜ奥さんにクールな対応をされたのか、その理由がまったくわかっていない……。

結婚後、このズレが続いてしまうと、イヌ型の旦那さんは何をすればネコ型の奥さんに喜んでもらえるのかわからなくなってしまうのです。

このような状況で妊娠すると、お産がこじれたり、産後育児不安、育児困難を引き起こすことが、私のクリニックの経験からわかってきました。そんなことから、もしかすると、**お互いの幸せを願っているのにすれ違っている夫婦の関係性に、「いいお産」や健やかな育児のヒントがあるのではないか、**と思うようになりました。

相互の不理解が長年にわたると、「もうそれなら離婚しかない」というところまでこじれることもあります。そこで私は、そもそもなぜそんなふうにこじれてしまったのか、お二人の話をよく聞いてみようと思い立ち、いろいろなご夫婦への聞き取り調査をするようになったのです。

そして、何組ものご夫婦への聞き取りを続けていく中で、そこに共通している男女間のズレは、イヌとネコの違いと同じではないか、と気づいたわけです。

極めつけは、アメリカ人と結婚して、その後離婚された女性何人かに話を聞いたときです。彼女たちは「買い物、掃除、食事、すべてが思いどおりにできなかったから」と、即答しました。そして、相手の男性との間に、いかに考え方のギャップがあったかについて詳細に語ってくれました。

たとえば、旦那さんに買い物を頼むと、余計なものまで買ってくる。

妊娠中、「君はお腹が大きいから僕が掃除をするよ」と言うので、旦那さんに頼むと、隅にほこりが残っていて、結局自分がやり直さないといけない。

食後の洗い物も、旦那さんが「僕がやっておくから」と言うので頼むと、食器に汚れや泡が残っている。

好意でしてくれたことにケチをつけることもできないので、キッチンの前に立って洗い直しながら背中で苛立ちを表わしています。こういったことを、実は女性は無意識に男性に対してやっています。

しかし男性は気がつかない。むしろ、「僕がやってあげたから、彼女は助かっているに違いない」と思い込んでいるか、「さっき洗ったのになんでまた洗ってるの⁉」とポカンとしている……。

奥さんにすると、余計に腹立たしくなって、**彼が何かやってくれようとするたびにかえってストレスが溜まってしまう**、ということになるのです。

これぞ異文化摩擦の典型例！

これはほんの一例ですが、夫婦のあるある話の一つなのではないでしょうか。

実は、この夫婦のイヌ・ネコ話は日本国内での講演会だけでなく、試しに海外でも話したことがあるのです。すると、フィンランドや中国での講演会でも大受けでした！

ということは、**男女のイヌ・ネコ異文化論は、人類共通といっても過言ではないかもしれません。**

実は、**ここに男女間の大きなギャップがあります。**

ようするに、男性は、奥さんを喜ばせたいという自分の目的を果たすために、アクションを単発的に起こせばいいと思っている。

それに対して、女性は、パートナーの男性がどれだけ自分の気持ちや家庭全体のことを察してくれているかを、常に冷静に判断しているのです。

これは、言語優位の男性に対して、女性は非言語的なキャッチボールができるという脳の働きによる違いからきています。

言い換えれば、**左脳型の男性は、いちいち言葉に出して言われないと、相手の気持ちや意図がわからない。**

一方、**女性は、言葉に出す前に、相手の感情や空気を読みながらコミュニケーションを図ろうとする**ので、それができない男性のことを、内心「バカじゃないの!?」と思ってしまうのです。
だから、旦那さんからすると、奥さんの機嫌が悪かったり、何かしてあげてもムスッとして笑顔を見せてくれないと、その理由がわからずに「言いたいことがあったらはっきり言えよ」とか、「何が気に入らないの？」と言葉で説明を求めようとするのです。
ところが、奥さんからすると、「そんなことイチイチ言わなくてもわかるでしょ!?」とか「子どもじゃないんだから、いい加減察してよ！」と言葉で説明すること自体を、おっくうに感じるのです。

こうした男女の根本的な違いを、イヌとネコの生態に重ねてみましょう。
つまり、こういうことです。

イヌは、群れの中のリーダー（飼い主）が、言葉で一つ一つ命令を出さないと動けない。

しかも、一つの命令に対して一つのことしか対応できません。命令を出す飼い主（リーダー）に自分の大好きなご褒美をもらいながら、ヨシヨシと褒められたくて、いつも飼い主の傍で尻尾を振っておねだりをするのです。

かたや、**ネコは、その場の空気を読んだり、人間の気持ちを察したりする単独行動型の動物です。**

しかも、気分屋でプライドが高く、ときには外に出て自分でエサを調達することもできるので、飼い主に依存しきっているイヌが、単純で、ときおりバカ（?!）に見えてしまう。

また、**自分の群れの中の序列や縄張りに固執し、すぐに相手を敵視して吠えるイヌに比べ、ネコは常に全体の状況を静かに観察しながら、安心・安全な場所に居座って、ときおり、他のネコたちとも連携しながら自由に動く。**

どうでしょう、一般的なご夫婦の場合、このようなイヌ型男子とネコ型女子が圧倒的に多いと思いませんか？

奥さんの「冷たい仕打ち」はストレスの現れ

このような男女間のコミュニケーションがうまくいかないと、双方ともにストレスが溜まってしまいます。それを放置したままやり過ごしているとよけいにこじれてしまうのです。**夫婦間**だとやがては**離婚、ということになりますが、こういったコミュニケーションをもっと大きな視点で見ると、国家間だと交渉決裂、ひいては戦争にまで至る可能性もあります。**

夫婦関係の場合、ほとんどが、**ネコ型奥さんのほうに圧倒的に強いストレスが溜まってしまう**ケースが多いようです。

それは、言葉による指示・命令によってしか反応できないイヌ型旦那さんに対して、察しのいいネコ型奥さんのイライラが募り、それを言葉による訴えではなく、身体で表現し

つーん
・・・・。

ようとするからです。これを**「受動的攻撃性」**といいます。

受動的攻撃性とは、本人が感じている怒りや不平・不満などのネガティブな感情を直接相手にぶつけずに、否定的な態度や行動をとることによって相手を攻撃しようとする心理です。

この受動的攻撃性は、直接相手に言葉で伝える方法よりも、真意が伝わりにくい場合が多々あって、異文化摩擦をより広げてしまいかねません。

たとえば、よく見られるのが、突然、冷蔵庫の中にある物をやけ食いしてみたり、予定していた二人だけの外出を急にドタキャンしたり、「晩ご飯、冷蔵庫に入れてあるから勝手に食べて」と旦那さんを突き放してみたり……ｅｔｃ．

このように、ネコ型奥さんは、旦那さんに対する不平・不満を直接口に出しません。しかし、**イヌ型旦那さんは**、「今日はなんだか機嫌が悪いな」と、**自分がイライラの原因をつくっているとはまったく思っていない**のです。

しかも、そこでまた機嫌をとろうと思って、一所懸命に何かアクションを起こそうとする。ところが、肝心な女心（ネコ心）がわかっていないので、トンチンカンな動きをしてしまい、また機嫌を損ねてさらに悪循環に陥ってしまう……。そこで余計に奥さんをいらつかせてしまって、つい奥さんの眉間にシワが寄りがちになり、やがて笑みも消えていってしまうのです。

言葉による指示や、目の前の出来事だけに反応する単純なイヌに対して、言葉よりも、全体を見ながら察し合うことを期待するデリケートなネコとのミスマッチ。

これが、イヌ型旦那さんとネコ型奥さんのコミュニケーションギャップが広がる理由です。そしてこのズレが積み重なると、不要な争いが増えたり、お互いエネルギーもつきてきて、イヌ型旦那さんが「外のつくり笑顔」を求めて浮気に走ったり、ネコ型奥さんの我慢がピークに達して、「もう離婚しかない！」となってしまうのです。

お互いに思いやる気持ちがあれば、二人の溝は埋まる

今さらいうまでもありませんが、イヌとネコはまったく異なる種です。
なので、イヌ型旦那さんとネコ型奥さんの会話は、「ワンワン」というイヌ語と「ニャーニャー」というネコ語ほどかみ合っていないのです。

ところが、**人間の男女・夫婦は、自分たちは同じ言語を使っているので「相手にも通じているはずだ」と勝手に思い込んでいます。そもそも、そこに異文化コミュニケーション上のギャップがある**のですが……。

たとえば、同じ言葉でも、育ってきた環境によってその言葉の意味するところが違っているのです。また、アメリカの心理学者アルバート・メラビアンが1970年代に行った実験では、「話し手」が「聞き手」に与える印象の中で、話している言葉そのものが影響

している部分はわずか7％であり、その他93％は非言語（態度、表情、しぐさ、声のトーンや早さなど）の要素であるということでした。これを「メラビアンの法則」といいます。

ですから、奥さんから受動攻撃的な態度をとりながら「ありがとう」と言われても、旦那さんは感謝していると受けとることが全くできません。

このようなギャップが生じるのも、イヌ語とネコ語の違いです。

しかし、そのような夫婦間のギャップは、いくらパートナーや身内が説明しようとしても、感情や利害が絡むので理解しづらいのが普通です。

そこで私が、奥さんと旦那さん双方の通訳となるのです。

まず奥さんに対して、「旦那さんは奥さんを幸せにしたいと思っているんですよ」と伝えます。するとほとんどの奥さんは、意外な顔をして、「ありえなーい!?」と答えます。

同様に旦那さんにも、「奥さんは、旦那さんのことを大切に思っていますよ」と伝えても、「そうなんですかねー」とまるで実感がありません。

お互いに、相手が自分のことを大切に思ってくれていたり、幸せを願ってくれていたりするという実感がなくて、「きっと自分に不満があるからうまくいかないのだ」と思っているのです。

実際には、お互いに今も相手のことが大好きで、いつもお互いや家族の幸せを願っているのに……。

このズレや誤解が広がらないようにするためには、異文化理解しかありません。**たとえ、思考や行動パターンの「形」は違っていても、言葉尻にとらわれずに、その背景にあるお互いを思いやる「気持ち」に気づきさえすれば、必ず二人の間の溝は埋められるのです。**

なので、奥さんはイヌの性質をよく知り、旦那さんはネコの性質をよくよく理解しておくことが大事です。

イヌは、第一に飼い主、つまり群れのリーダーに褒められてなでられたい、そしてリーダーの笑顔を見るのが一番のご褒美です。ワンちゃんならエサとヨシヨシ。人間なら満面の笑みです。

これは子どもと同じで、子どもがお母さんの笑顔が大好きなように、イヌ型旦那さんも実質的（精神的）なリーダーである奥さんの笑顔が大好きなのです！ 花火にたとえれば、大きな尺玉のような笑顔を、毎日朝から晩まででではなくても、ときどきでいいので、旦那さんに見せてあげてください。そうすると、それだけで旦那さんは奥さんと結婚してよかったな、と思います。

実は、これが一番の浮気防止策でもあります。イヌ型旦那さんは、リーダーの笑顔がないと、たとえお愛想でも、笑顔を見せてくれる女性がいれば、ついそちらになびいてしまうという特性があるのです。ワンちゃんが、しかめっ面した飼い主よりも、エサをくれる優しい隣の人に懐いてしまうような感じでしょうか。

つまり、**イヌ型旦那さんを手なづけるには、線香花火のように小さな笑顔ではなく、尺玉のような「満面の笑み」を惜しみなく与える、これが最も重要なポイント**です。

するとワンちゃんは、愛するご主人さまである奥さんの満面の笑みによって幸福感を覚え、尻尾を振り、頼めば何でもやってくれるようになります。

ネコちゃんがこのことをわかって対応すれば、小さなことでケンカになったり、家庭の中でワンちゃんが男性としての役割を放棄したりすることもないでしょう。

このように、イヌとネコの異文化コミュニケーションの秘訣は、まずお互いの違いを理解したうえで目の前の現象（言葉や態度）にとらわれないこと。お互いが相手の奥底にある、お互いを思う気持ちを感じて適切に対応していくことです。

ところが、お互いに相手を思いやる気持ちや愛情があるにも関わらず、実際には、双方の理解不足から、ちゃんと通じ合えていないパターンがほとんどです。

ですから、**まず男女の根本的な違いを理解し合うことが大事で、それができてはじめて異種動物である、あるがままの相手（イヌ・ネコ）を素直に受け入れられるようになります。**

つまり、ネコはイヌ語を、イヌはネコ語をちゃんと理解できるようにお互いに歩みよること。それを根気よく続けていくことで、どうすればパートナーとうまくやっていけるかもわかるようになって、イコールそれが自分にとっての学びになるのです。

自分の成長とは、物事を違った目線から見ることができるようになること。夫婦はまさに、自分の成長にとって最適な課題を毎日出し、その課題にチャレンジし続けている関係であることにほかなりません。

異文化コミュニケーションを通して、イヌとネコがともに気づきや学びを得ていけば、それが人間としての成長や魂の進化にもつながるでしょう。

イヌ型男子とネコ型女子はここまで違う

というわけで、**「イヌ♂とネコ♀では基本的にどんな違いがあるのか？」**について、人間ではなく、動物のイヌとネコの特徴について、ここで改めて確認しておきましょう。

まず、イヌ♂には群棲《ぐんせい》本能があり、主に次のような特徴があります。

●イヌの特徴

・群れをつくって集団で活動する。
・群れの中には力の上下関係がある（序列）。
・地上での生活が基本で、鼻を使って獲物を捕らえる。
・飼い主をリーダーと見なし、リーダーのしつけや指示を待つ。
・リーダーの指示に忠実に従い（忠実）、褒められると大喜びしてご褒美を期待する。
・長時間単独で過ごすことは苦手で、親密な関係を望んでいる（さみしがり屋）。
・自分が注目されることに対する強い欲求を持っている（目立ちたがり屋）。
・日中、活発にはしゃぎまわり（活動的）、飼い

主のそばにいることを好む（密着型）。
・飼い主とのスキンシップが大好き（甘えん坊）。
・飼い主の姿が見えないと、とても不安になる。
・寒さに強く、水に濡れるのは平気なので泳げる。
・他の群れを警戒し、遠ざける（敵対的）。
・外敵と見なしたら、歯を剥いて相手を威嚇する（攻撃的）。

一方、単独行動型のネコ♀は、次のような特徴があるといわれています。

●ネコの特徴

・独立心が強く、群れない（単独行動）。
・食事やトイレの掃除などの必要なこと以外は人間に頼らず、自律的に行動する。
・あまり活動的ではなく、普段は落ち着ける場所を求めて自由気ままに動く（内向的）。
・人間に従属せず、自分の意見や気分をはっきり主張し、対等な関係で寄り添う（ギブ

&テイク)。
・内面を見透かすかのように、いろいろな人間や動物をじっと観察している(鋭い観察眼)。
・親密さよりも自分の気分を優先し、しばしば「ツンデレ」の二面性を見せる(複雑さ)。
・プライドが高く、昔から「霊感が高い」とされている(スピリチュアル)。
・木登りが得意で、高い場所から跳び降りるなどしてすばやく獲物を捕る(俊敏)。
・ネズミなど自分が捕ってきた獲物を飼い主にプレゼントする(恩返し)。
・寒さに弱く、水が苦手。
・ときどき、他のエリアにいるネコたちと集会を開く(社交的)。

・イヌと比べて、食事は小分けにして何回も食べる（食通!?）。
・警告のサインを出すときは、背中を丸めて毛を逆立てる。

いかがでしょうか?

このように、イヌとネコのそれぞれの特徴は、一般的な人間の男性と女性の特徴とほとんど重なっていると思いませんか!?

もちろん、内向的なイヌもいれば、外向的なネコもいますし、品種や性格、育った環境などによって多少違いはあるでしょう。しかし、相対的に見ればイヌとネコは以上のような違いがあることから、「イヌ型男子（旦那さん）」と「ネコ型女子（奥さん）」といっても差し支えないのではないかと思います。

PART 2

なぜ女性と男性は こんなに違うのか

生物学的にみた男女の違い

ここで、まずみなさんに知っていただきたいのは、「生物学的にみた男女の差とは何なのか？」についてです。もっと簡単にいうと、**「男女の違いはいつ生まれるのか？」**と言い換えてもいいかもしれません。

出産経験のある方ならご存知かと思いますが、身体的に見ると、**妊娠６週目までは男女の差はありません。**

どの胎児も、６週目までは男性生殖器と女性生殖器の元となる生殖腺細胞を持っていて、これが男女の性別に分かれるのは、その後の性腺刺激ホルモンの働きによります。

まず、性染色体（男性はＸＹ・女性はＸＸ）のＹ染色体にあるＳＲＹというタンパクが、生殖腺細胞のＤＮＡに結合すると「精巣」になり、このタンパクがない場合は「卵巣」になります。

こうして生殖腺が決まると、それぞれ男女の性を決定するプロセスがはじまるわけですが、精巣から分泌される**男性ホルモン（テストステロンなど）を浴びた場合には、7週目頃に男性性器が発達して男性になり、男性ホルモンを浴びない場合には、生殖腺はすぐには変化せず、13週目頃に女性性器が発達して女性化する**のです。

つまり、同一の生殖腺から、染色体とホルモンの違いによって一方は男性化し、他方は女性化していきます。ここで生物学な男女の差が生まれるのです。

ちなみに、妊娠中、お母さんに過度なストレスがかかると、性差を分ける男性ホルモンが出にくくなって、その結果、同性愛者が生まれやすくなることが知られています。

動物実験でも、母親ネズミにストレスをかけると、男性ホルモンが出にくくなることが確認されていて、また人間においても、たとえば、第二次大戦中のストレス下のドイツでは、男性の同性愛者が平時よりも多く産まれたという報告もあります。

このように、性ホルモンは、ストレスの影響によっても変化する体内のメッセージ（情報伝達）物質といえます。

そもそも、ホルモンというのは、生殖器以外にも、脳下垂体、甲状腺、副腎、脂肪など体内のいろいろなところでつくられ、身体中でそれぞれ機能しています。中でも、性差の決定に関わる主なホルモンは、男性ホルモン「テストステロン」と、女性ホルモンの「エストロゲン」です。

闘うモードの男性ホルモン、守るモードの女性ホルモン

ここで、二つの性ホルモンの違いについて説明しておきましょう。

わかりやすくいうと、**男性ホルモンは「闘う本能」に働きかけ、女性ホルモンは**妊娠・出産など**「いのちを育み・守る本能」に働きかけます。**

もちろん、男女ともに二つのホルモンが分泌されますが、女性の体内での女性ホルモン分泌は、一生を通じて劇的に変化し、月経（生理）がある時期は周期的に大きく変化しながら、閉経後（平均50歳）は急速に低下します。

また、男性の体内での男性ホルモン分泌は、周期性はなくて個人差が大きく、年齢とともにゆるやかに低下する傾向があります。

このように、性ホルモンのバランスは、男女差や年齢などによって変動します。

また、私たちの体には、性ホルモン以外にも成長ホルモンや甲状腺ホルモンなど100種類以上のホルモンがあります。それらはいろいろな機能を調節していることから、全体のホルモンバランスは健康維持にとても大切なものです。ホルモンバランスが崩れると、心身の不調につながりやすくなります。

ここでは、男女の差を知るために、基本的な性ホルモンだけを取り上げることにします。女性ホルモンの代表であるエストロゲンは、妊娠や出産をつかさどるだけではありません。血管、骨、脂質代謝、コラーゲンの生成、骨粗鬆症《こつそしょうしょう》、動脈硬化、またメンタルヘルスなど、生命の維持に関わる重要なホルモンで、さまざまな臓器に影響を及ぼします。

したがって、妊娠の予定がなくても、また閉経後、エストロゲンの分泌量は大きく減少しますが、更年期以降の女性にとっても、とても大事です。

男性ホルモンの代表であるテストステロンは、筋肉や骨格をつくる、精力を高める、血管を健康に保つ、認知力を上げる、冒険や挑戦、行動力やリーダーシップのエネルギー源となります。テストステロンは女性の身体にも存在しますが、男性に比べて極端に少なく、男性の5～10％といわれます。

女性ホルモンと男性ホルモンのこのような働きの違いをみると、**男性に比べて女性のほうが、生命力が高いといえる**でしょう。

実際、世界各国のデータでも、女性のほうが寿命が長く、生物一般でもメスのほうが長生き傾向にあります。ある科学的な調査によると、男性のY染色体は生活に重要な遺伝子をほとんど全く含んでいない一方で、女性のX染色体は、女性にとっても、男性にとっても、生活において大きな重要性を持っているということです。このX染色体が、男性は一つなのに対し、女性には二つある（XX）ことからも、女性の寿命が長い理由になっています。

もちろん、女性でも男性ホルモンが多い人がいたり、男性でも女性ホルモンが豊かな人がいるわけですが、女性の場合、加齢や環境、ストレスなどが原因で女性ホルモンの分泌が少なくなり、若くても男性ホルモンが優位になることがあります。

社会的に活躍している女性は男性ホルモン値が高いという研究結果もありますが、特に最近は「オス化」する女性が話題になっているようです。

女性の「オス化」は、ストレスや不規則な生活、偏った食事などによって女性ホルモンが減り、相対的に男性ホルモンが強くなっている可能性が高いといえるでしょう。

男女の役割の違いは性ホルモンがつくった!?

女性ホルモン優位か、それとも男性ホルモン優位かでは、仕事の進め方や風貌だけでなく、育児に対する向き合い方も違ってきます。

わかりすい例としては、女性ホルモンが優位の人（お母さんや一般的な女性）だと、赤ちゃんの泣き声にすぐに反応する傾向が強いことです。

かたや、男性ホルモン優位（お父さんや一般的な男性）であれば、赤ちゃんが泣いていてもそれに対する反応が鈍いという傾向があるのです。

なぜ、そのような違いがあるのでしょうか？

これは私の解釈ですが、**女性ホルモンと男性ホルモンでは、はじめから脳の働きに**

応じて役割が違っているのではないかと思います。

赤ちゃんは、母胎にいるときからお母さんと一体化しています。

生まれてもすぐ自分で行動できないので、お母さんに抱っこされ、やがて2、3歳頃になると自分で歩けるようになりますが、この赤ちゃんと直に触れ合うことによって女性ホルモンがさらに分泌され、優位になっていきます。

だから、赤ちゃんの泣き声にもすぐに反応できるのです。

それに対して、お父さんは、外敵に襲われないよう安心できる住処を用意して赤ちゃんとお母さんを守ったり、食糧を運んで来たりするのが本来の役目です。

つまり、敵と闘うことで家族を守る、いわば闘争本能や危機管理という脳の働きによって、男性ホルモン優位になったのではないかと思われます。

これを赤ちゃん目線でみると、周囲が敵だらけのときに赤ちゃんが泣いて父親が駆け寄ってきたら、自分たちが守ってもらえない。

だから、お父さんには、子どもの泣き声にあまり反応しない傾向があります。すなわち、夜、赤ちゃんが泣くと、母親はすぐに目を覚ますけれども、父親はぐっすり寝ている、というようなことになります。

そんなふうに、男女の脳の優位差にともなって、女性ホルモンと男性ホルモンの役割ができていったのではないでしょうか。

だとしたら、お父さんは、赤ちゃんが夜中に「ギャー、ギャー」と泣いているときに、いちいちかまったり、うろたえたりするのではなくて、どっしりとかまえてお母さんと赤ちゃんを守ることが一番大事なお務めだということになります。

お母さんにとっても、傍でお父さんが守ってくれているからこそ、安心して赤ちゃんを抱きかかえて守れるのです。そしてそれが、赤ちゃんの健やかな成長にとっても、大事なことなのですね。

このように、一般的な傾向として、**男性ホルモン優位のお父さんは自分の赤ちゃんが泣いていてもあまり気にならず、反応しない。それは生物学的にみると、本来女性ホルモン優位のお母さんの役割**だからです（これはあくまで私見です）。

これは人間に限らず、サルの世界でも同じです。サルも中には、育児放棄をするサルもいます。でも、育児放棄をされた子どもを他のメスザルが育てる、つまり、まわりの母系集団が中心になってみんなで子どもを育てようとします。

おそらく、そのような共同養育が人間集団の中でも行われてきたことによって、育児に携わる人たちの女性ホルモンは、優位になっていったのではないでしょうか。これは私の勝手な解釈ですが、いずれにしても子育てと女性ホルモンは、鶏と卵の関係のようなものなのです。

一方、お父さんは外敵から家族を守り、お母さんが安心した子育てができる環境を用意する役割があります。こうした違いによって、男性ホルモンがさらに優位になっているのではないかと思われます。

子育てにおいては、女性ホルモンと男性ホルモン、それぞれの役割とバランスが大

事だということです。

実際問題、妊娠中のお母さんにとっての一番のストレスは、男としての役割をしっかり果たしてくれないお父さん（旦那さん）なので、これはある意味、男性ホルモンの役割が欠落していることへの苛立ちなのかもしれません。

育児中は、出産後のエストロゲンの減少によって、ただでさえお母さんは不安や孤独を感じやすくなります。そこで、安心感を与えてくれる夫や、信頼できる実母や祖母などが傍にいてくれることによって、ほっと一息つける時間が持て、それが育児ストレスの軽減につながります。

そのようなお母さんのストレスケアが、赤ちゃんの健やかな成長にとってプラスに働くことはいうまでもありません。

ところが今は、夫も仕事上のストレスをたくさん抱え、また核家族化や地域社会とのつながりも希薄になり、お母さんが一人孤立状態におかれているのが現実です。

しかも、地域によっては、子どもを保育所に預けることもできなかったり、気軽に頼れる人も周囲にいなかったりします。それが養育上の大きな問題になっていることは、皆さんもご承知のことと思います。

昔に比べて、子育てにおける役割分担や、共同養育のための環境づくりが難しくなっているのです。

でもそこで、お母さん（奥さん）がお父さん（旦那さん）に対して「育児の分担」を強く求めたとしても、基本的に男女では脳の機能差があるので、自分と同じような対応を期待してもなかなか難しいでしょう。

女性ホルモンの多い男性と男性ホルモンの多い女性の子育て

おもしろいことに、女性ホルモンが旺盛な男性が主体的に育児に関わっていく場合は、女性よりも育児にのめり込みやすいという傾向もあるようです。

今は亡きあのジョン・レノンさんも、そんなお一人だと思います。

今のように育児に関わる男性がほとんどいなかった頃、ジョン・レノンさんは自分の子どものショーン君を、おんぶしたり、抱っこしたりするなど、堂々と人前を歩く姿を大衆に見せたはじめての男性だといわれているくらい子煩悩で、ショーン君の育児に熱心だったのです。

「3分間のロックンロールをつくるよりも、人間一人を育てることのほうが、よほど芸術的だ」との信念から、ショーン君が5歳になるまで子育てに専念するために音楽活動を休止し、その代わりにオノ・ヨーコさんが外でバリバリ働いていたそうです。

このように、必ずしもお母さんが育児を担当しなくてはいけないというわけではなくて、それぞれの向き・不向きにあわせてムリのない役割分担をすればいいわけですが、そこにはおそらく性ホルモン以外のホルモンも関係しているのでしょう。シングルマザーやシングルファーザーだって、両方の役割を一人で自然に果たしている人たちが、大勢います。もしかすると、この世に生まれる前に、魂レベルでお互いの役割を決めてきているかもしれないし、「次は僕が育児をするから、君は自分のやりたい仕事に専念してね」という男性や、女性ホルモン豊かなイクメンがいてもなんら不思議ではありません。

いずれにしても、**親や保護者は、赤ちゃんが一人前に成長して、この世に生まれてきた目的を果たせるように、できるだけ支援してあげられればいい**のではないでしょうか。

なので、女性ホルモンが豊かな男性が積極的に育児に関わって、女性が外でバリバリ働くというのもアリです。

また、男女のカップルに限らず、男性同士のカップルであってもいいし、女性同士のカップルが子育てをしても、シングルで育てても、全く問題ないと思います。

ただ、シングルで子育てする場合には、男性の役割と女性の役割の両方をやらなくてはいけなくなるので、ちょっとたいへんかもしれません。しかし、お父さんの厳しさとお母さんの優しさの両方を併せ持つということは、魂からみたらそれだけ学びや成長も大きい、といえるわけです。

ちなみに、子どもによっては、早い場合は3〜5歳頃から自分でご飯をつくるなどして、りっぱにお母さんの手助けをすることもできます。女優の白石まるみさんは、5歳から自分でご飯を炊いていたということです。昔は小さい頃から家事の手伝いをしていた子どもはたくさんいました。

今の親や周囲の大人たちが、「まだ小さいからムリ」と勝手に思い込んでやらせていないだけで、実は子どもでもできることは意外に多いのです。

ですから、できることは子どもにやらせてあげる（やってもらう）。それも、親や保護者の務めなのではないかと思います。

子どもの話題になりましたが、子どもを授かる・授からないかは、生まれる前に魂同士で決めてきている場合が多いようです。

いずれにしても、子育て自体は男女がパートナーシップを築いていくうえでの、一つの選択肢にすぎません。子どもがいる、いないに関わらず、**夫婦や恋人同士にとって一番大事なことは、まずお互いの「違い」をよく理解し合い、お互いを思う気持ちを感じること**ではないでしょうか。

つまり、相手のことを自分と同じようにとらえるのではなくて、自分とはまったく異質な面を持っている、一人のかけがえのない存在として尊重する、それが良好なパートナーシップを築くための基本になると思います。

「自分とは異質な面を持っている存在」として相手を尊重する

そもそも、男女では**生物学的な違いがある**わけですが、意外にその違いに気づいていない人が多いようで、特に男性の理解が及びにくいのが女性の月経でしょう。

そこで、男性読者の方のために、月経のメカニズムについて簡単に説明しておきます。

女性の場合、エストロゲン（卵胞ホルモン）とエストロゲンの働きを抑えるプロゲステロン（黄体ホルモン）のバランスが心身の健康にとってとても重要です。

特に生理周期中は、図にあるように、エストロゲンの血中レベルは徐々に上がります。出産後は、徐々に低下して妊娠前の元のレベルに戻ります。それに対して、プロゲステロンはゆるやかに上昇して、出産後、急激に低下します。プロゲステロンは、エストロゲンとともに周期的に分泌されるホルモンで、生理がはじまって2週間ほど経つと排卵が起こります。このときに増えるのがプロゲステロンです。

プロゲステロンは、子宮内膜を柔らかくして妊娠の準備を整え、妊娠が起こればそのまま分泌が続いて出産まで子宮内膜を維持し、妊娠が起こらなかった場合は2週間ほどで減少して子宮内膜が剥がれ落ちる、これが月経（生理）です。

妊娠が起こらない場合は、基本的に月に1度生理が起きて閉経時まで続きます（ホルモンの状態で生理が来なかったり、無月経が続いたりする場合もあります）。

【正常月経の周期的変化】

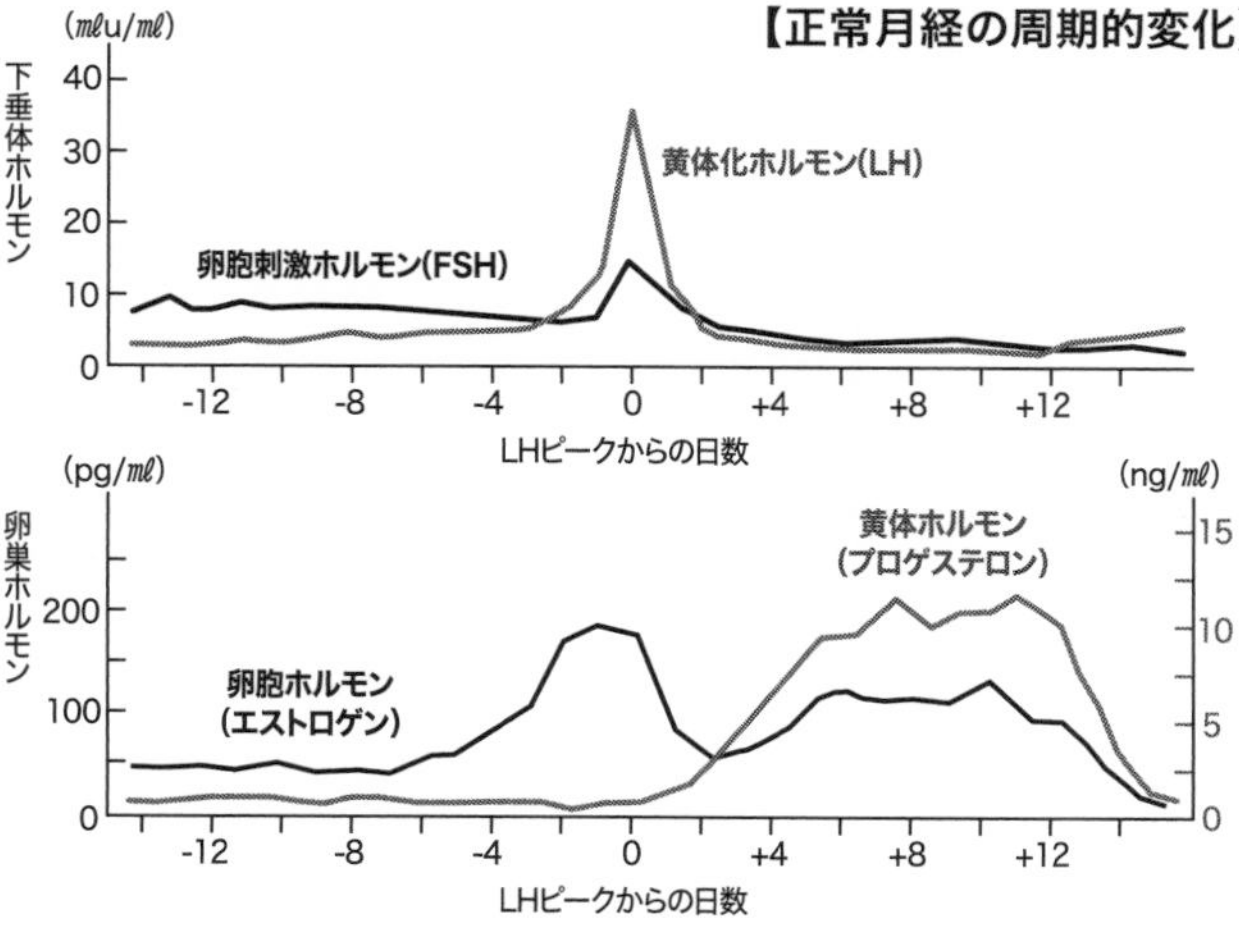

プロゲステロンは、この他に乳腺の発達や利尿作用などに関わっていて、エストロゲンとプロゲステロンのバランスが保たれていると、規則正しい周期で生理が起こります。しかし、食生活の乱れやストレス、睡眠不足などの負担がかかるとホルモンバランスが乱れて、イライラ、抑うつ、不安、眠気、集中力の低下、睡眠障害、のぼせ、食欲不振、めまい、倦怠感、腹痛、頭痛、腰痛、むくみ、お腹の張り、乳房の張り等々の月経前症候群（ＰＭＳ）と呼ばれる症状にみまわれることがあります。

閉経を迎える50歳頃の時期をはさんだ前後10年間（45～55歳頃）を「更年期」と呼びますが、個人差はあるものの、この時期にかけてエストロゲンの分泌が急激に減少することでホルモンのバランスが崩れ、さらに環境変化によるストレスも加わって心身にさまざまな不調が現われやすくなります。

代表的な更年期の症状としては、肩こり、疲れやすさ、頭痛、のぼせ、腰痛、不眠、イライラ、動悸、めまい、胃もたれ、膣乾燥感等々があり、こうした自律神経の乱れを伴う更年期障害は、一種のストレス性疾患とみることもできます。

このように、女性はライフステージ（思春期・性成熟期・更年期・高齢期）によってエストロゲンとプロゲステロンの変動があって、このホルモンバランスが心身の健康を左右します。いわば、**元気になるホルモンと気分が沈みやすくなるホルモンの両方が出ているということで、これは、男性においては、女性ほどはっきりと出てきません。**

男性は、女性の身体はとてもデリケートにできているということを知っておくことがとても大切です。なぜなら、それは女性の心理を理解することにもつながるからです。

また女性のほうも、周期的な身体の変化やそれにともなう心理的な浮き沈みについて、パートナーの男性にちゃんと言葉で説明するなど、少しでも理解を深めてもらう努力も必要なのではないかと思います。

ちなみに、最近話題になっている「愛情ホルモン」や「幸せホルモン」などと呼ばれるオキシトシンという女性ホルモンに関していうと、これは女性特有というわけではなくて、男性でも分泌されます。

とはいえ、やはり女性のほうが多く、特に出産時には大量のオキシトシンが分泌され、それによって乳房や子宮の収縮が促されて分娩に至ります。

それと同時に、オキシトシンの働きによって赤ちゃんとの絆が育まれるわけですが、帝王切開や無痛分娩に比べると、自然分娩のほうが、オキシトシンがたくさん出ます。

しかし、出産後すぐに赤ちゃんを抱っこしたり、授乳をしたり、目と目で見つめ合ったりするだけでも、赤ちゃんとお母さん双方にオキシトシンが出ます。母子がちゃんと触れ合えば、お互いに「愛情ホルモン」で満たされるので、分娩方法にあまり神経質にならなくてもいいと思います。

もちろん、触れ合いによるオキシトシンの分泌は、お母さん以外の家族であっても同じです。オキシトシンが出る方法はたくさんあります。たとえば、アロマセラピーやタッチング、家族や親しい人との食事やお茶会、団らん、カラオケ、ペットとの触れ合い、お祭り……ｅｔｃ.

このように、**オキシトシンは、円滑なコミュニケーションのために、男女双方にとって欠かせないホルモン**といえるでしょう。

男女の行動や思考パターンの違いは脳の機能差!?

男女の違いの一つに、**幼い頃の行動面でも対称性がある**ことがよく知られています。

たとえば、絵を描くときなど、一般的に男子は暗く、冷たい色を使い、車や飛行機などの絵を描く傾向があるのに対して、女子は明るく温かい色を使い、人や花などを描く傾向があって、これは**「脳の性分化」**と呼ばれています。

もちろん、個人差や文化的な違いもあるので一概にはいえませんが、性ホルモンの働きとそのような対照的な行動パターンにはある程度関連があると考えられていて、どうやらそれも**脳の使い方（機能）の違いに起因している**ようです。

というわけで、男女による脳の使い方の違いを見てみましょう。

脳科学の研究によると、左右の半球をつなぐ脳梁《のうりょう》は、男性よりも女性のほうが20％も太い（神経繊維の束が多い）ことが知られています。

そのため、女性は左脳と右脳のつながりが強く、同時に両脳を使っているのに対して、男性は左脳と右脳の結びつきが弱く、その分、それぞれの半球内での接続が強いという特徴があるようです。

つまり、**女性は素早く全体の状況を把握したり、雰囲気を察知する能力が高いのに対して、男性は部分へのこだわりがあって、どちらかというと左脳に偏りやすく、ロジック（理屈）を重視する傾向がある**のです。

一般的に女性のほうが共感力が高いのに対して、男性は共感力よりも論理的な思考を介して相手への理解を深めていくのも、こうした脳の機能差なのかもしれません。

たとえばよくあるパターンとして、女性は、ただ自分の愚痴を聞いてもらいたいだけなのに、それに対して男性が、「それで何が問題なの？」とか「こうすれば解決するんじゃない」などと価値判断をしたり、解決策を示そうとしたりする。

その結果、女性から「なんにもわかってくれていない」と嘆かれる……。

こんな男女間の溝も、脳の機能差が原因だとすれば、どちらが正しい、間違っているというわけでもなさそうです。


また、記憶をつかさどる海馬に関して、女性は、言語的な記憶に関わる左の海馬が優位です。男性は、幾何学的（空間的）な記憶に関わる右の海馬が優位だといわれています。

女性は過去に何があったかをよく覚えていて、昔の話に話題が及んだときに、男性よりも言葉達者になるのは、それが理由な

【男女の脳の違い】

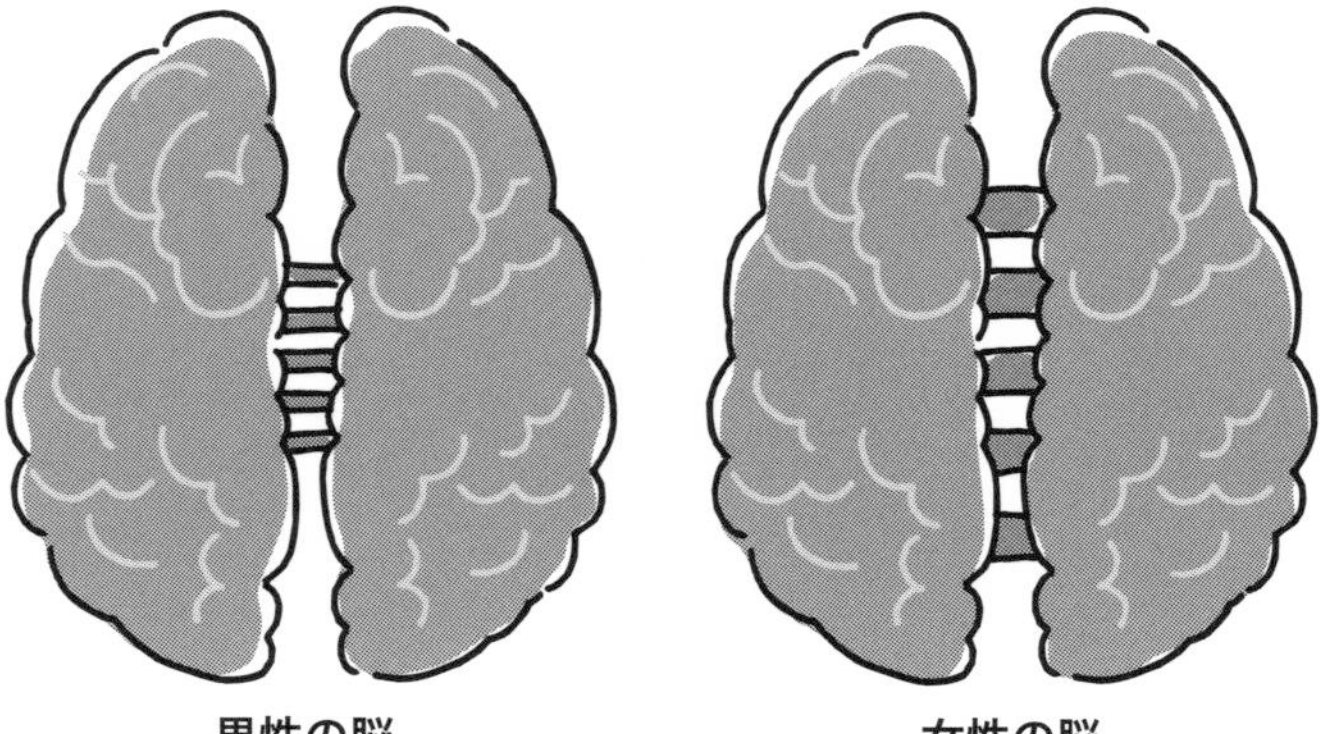

右脳と左脳をつなぐ脳梁が、
女性のほうが20%太い。

のかもしれません。女性のほうが察する能力（直感力や感性）が高いだけでなく、過去の出来事も素早く言葉で引き出す能力も高いのです。したがって、相手の男性が察してくれたらうれしく感じ、察してくれないと急に不機嫌になって、「あなたはいつもそう」「○○のときだって○○だった」と、つい男性を責め立てる。でも、男性のほうは、「えっ、何が!?」「そんなことあったたっけ？」などとまったくピンときていない……。

そんなズレも多いのではないでしょうか!?

セックスのときの反応にも男女の違いがある

男女の**生理的な反応の違い**の一つに、性交渉、つまりセックスにおける違いもあるようです。

男性は、セックスによって子孫を残すのがそもそもの目的なので、自分の精子を相手の女性に与えようとする本能的な感覚が強いようです。

したがって、射精によってその目的を果たすことが優先され、射精後は興奮が冷めるのが特徴的です。実際、射精時には興奮度がピークになってオキシトシン（幸せホルモン）量も最大限になることがわかっています。

それに対して、女性は、男性から精子を受けとって、受精・着床するように身体が働くこともあって、できるだけその相手と一緒に一体感（エクスタシー）を味わいたいという欲求が強いようです。

しかも、相手との感情的なつながりを高めるオキシトシンは、セックスのあと、女性により強く作用することから、男性の射精の有無に関わらず、女性にとってはスキンシップしている間中、絆を深めるオキシトシン効果は持続します。

つまり、基本的に**男性は射精自体が目的になりやすく、女性は肌の触れ合いを通してできるだけ一体感を長く味わっていたい**という傾向があります。

男女とも、このような違いを理解していないと、お互いに満足できるセックスには至らず、かえってストレスになってしまうこともあるでしょう。

おそらくセックスレスの原因の多くは、そのような男性中心の一方的なセックスや、女性のホルモンバランスの乱れ、あるいはそこには男女の生理的、心理的な違いに対するお互いの理解不足もあるのではないでしょうか。

たとえば、妊活中、奥さんが排卵日前後に旦那さんにセックスを迫るケースもよく聞かれます。「何がなんでもこの日に！」と的を絞ったピンポイント・セックスは、確かに効率がよさそうですが、実際にはそんなにうまくいかないようで、それは旦那さんが義務感で応じていることが多いからです。

奥さんからすると、妊活に協力的ではない旦那さんに毎回セックスを誘うことに疲れて、「ただでさえ仕事と家事の両立でたいへんなのに、もうやってられない！」という気持ちなのでしょうが、ここにも男女間のギャップがありそうです。

やはり、「自分の種（精子）を残したい」というオスの本能に働きかけることが大事で、それには旦那さんの精神的ストレスをできるだけ軽くすることと、そして何よりも奥さんのストレスケアと女性ホルモン分泌を促すことが先決でしょう。

共感力が高い女性、論理思考が得意な男性

男女・夫婦は、ともに補い合いながら成長していく相補的な関係であるということをおわかりいただけたかと思います。というわけで、**イヌ型男子とネコ型女子が持つ相補的な性質**について、以下にまとめておきましょう。

〈脳科学から見た相補性〉

・女性の脳は、左脳と右脳の結びつきが強い（結合）。このため、女性は常に言葉とイメージが交差していて、ものごとを全体的に把握しやすい。また、男性に対して、脳の言語能力をつかさどる部位（ウェルニッケ野）の神経細胞が12％も多く、言葉の流暢性《りゅうちょうせい》に優れていて、それゆえ口ゲンカになると女性は強い。

・男性の脳は、左脳と右脳の結びつきが弱く（非結合）、それぞれの半球内での接続が強い。このため、男性は言語表現や論理性を重視し、心の中に思い浮かべたイメージを回転変換する認知的機能（メンタルローテーション課題）に強さを発揮する。それゆえ、女性が言語化しづらいことも、理路整然と説明してみせる。

〈生理的な相補性〉

・女性ホルモンであるエストロゲンは、オキシトシンを増幅させ、相手との絆や愛情を育みやすく、社会性を高める（友好的）。
・女性は、本能的に、よりリスクを避ける決定をする傾向がある（安全志向）。
・女性は、長期型のストレスに強く、たとえば、医療や介護、ボランティア活動などにおいて、長引く支援作業をコツコツと継続していくことができる（献身的）。
・女性は、ストレスを感じると、会話などのコミュニケーションで発散する（開放的）。
・女性は、セックスの行為中にオキシトシン濃度を高め続け、行為後、濃度が最高潮に達する（持続性）。

・一方、男性でのオキシトシンは、不安を取り除く作用が強く、また、男性ホルモンのテストステロンは、競争意識を高める（闘争的）。
・男性は、ストレスを感じると、本能的によりリスクを求める意思決定をしやすい（挑戦的）。また、一人でもできる趣味に没頭するなどして、ストレスを解消する傾向がある。
・女性に比べて短期型のストレスに強く、たとえば、人命救助や危険をともなう現場において力を発揮する（勇敢さ）。
・男性はセックスの際、射精後にオキシトシン濃度が急激に下がる（一過性）。

〈心理的な相補性〉

・女性は、共感力（情緒的・感覚的・直感的）が高い。そのため、男性よりも非言語的なコミュニケーション力や察する能力が高く、相手との一体感を得たり、ウソや本質を見抜く力が高い。
・女性は、男性に比べて感情表現が豊かで、男性よりもよく笑顔を見せる。
・男性は、論理思考（論理的・分析的・問題解決型）が得意。そのため、社会的・構造的な問題に対する対応能力が高く、組織を立ち上げることや、専門的なエビデンスに基づく科学や最先端技術の発展などに寄与しやすい。

・男性は、女性に比べて感情を抑制しやすい。

双方が補い合えれば二人ともハッピーになれる！

このように、女性（ネコ）と男性（イヌ）は、それぞれ異なる特性・長所を持っているがゆえに、**双方が補い合えればよりよく生きていくためのパワーとなって、二人ともハッピーになれる可能性を秘めている**のです。

特に際立っている相補性は、**女性の「コミュニケーション力」（＝横のつながり）**と

男性の「システム思考」（＝縦のつながり）ではないでしょうか。

女性のほうが、コミュニケーション力が高い理由については、前述したように脳機能の違いにあります。男性に比べて脳梁が太くて、言語野においてもドーパミン濃度が高く、細胞数も男性より12％多いことから、左右脳の連携が取れている。それによって、女性は相手の表情を読みとったり、相手の気持ちに共感したりする非言語的能力にも優れているのです。

だから、いちいち言葉にする必要がない。それにも関わらず、女性はパートナーに対して不平・不満の言葉を吐きます。先に出てきたように、女性は言葉を使って毒出しをする場合がかなりあります。これは愚痴なので、男性は聞き流す練習をしましょう。ただし、あからさまに聞き流すと、また怒られるので、フンフンと一度心に留めて、あとで心に溜めたゴミを外に掃き出しましょう。

一方、男性が、赤提灯で男同士肩を寄せ合って愚痴を言い合うのは、哺乳動物が肌を寄せ合って温め合うグルーミングと、ある意味同じです。そんな男性を、女性は大目に見てほしいと思います。

女性がパートナーに対してネガティブな言葉を出すようになったら、想像以上に「心に毒をためている」状態です。でも、男性はそれに気づいていないことが多々あります。

これは、非言語コミュニケーションが得意だからこそその、行き場のない不満のはけ口ですが、逆にいうと、そこでちゃんと**言語で説明することができれば、男性もハッとして気づきや学びが得られる**ということです。

ネコ型女子が横のつながりが得意なことは、実際にネコたちが定期的に集まって井戸端会議のような「ネコの集会」を開いていることからも明かです。

女性にはみんなで協力して子育てする、共同養育がベースにあるからでしょう。お母さんたちには「仲間と一緒に子育てをしたい」という、本能的な欲求（女性ホルモン）があって、まだ言葉が話せない赤ちゃんの心情や異変を察知したり、子どもに言語を教育したりするときや、女性同士の絆を深める際にもこの本能が役立つのです。

この共同養育によって、ネコ型女子たちが言語を超えた高度なコミュニケーション力を身につけてきたとしたなら、イヌ型男子はそんな女子たちの特性を尊重し、大いに学ぶ必要があるでしょう。

一方、男性が優れているのは、獲物を獲得するための空間認識能力や、システム思考と理解されている、空間認知力です。空間認知力は、おそらく農耕社会に移行する1万年前の狩猟採集時代に、脳内の地図を駆使しながら長期にわたって獲物を獲得してきた結果だと思われます。

その獲物を探す長旅には、孤独に耐え、ときに別の群れの競争相手に対して勇猛果敢に戦いを挑まなくてはなりません。そこで生き残るためには、共感力よりも自分の群れの統制力や戦略的な思考が必要だったでしょう。

そのため、力による縦の序列を重んじるとともに、いろいろな道具や武器をつくったり、戦い方を編み出すシステム思考を育んでいったりしたのではないかと考えられます。こうした男性の特性があるからこそ、安心・安全な家庭環境が保たれているのです。

つまり、**女性が得意とするのは横型のコミュニケーション力**、そして、**男性が得意とするのは縦型のシステム思考です。この二つの長所は、ともによりよく生きなが**

らえるための知恵でもあって、人類進化のために両方が補い合う必要があった、ということです。

私はここに、**ネコ型女子とイヌ型男子が強く惹かれ合ってカップリングする深い意味がある**のではないかと思います。

異なる文化を持った男女だからこそ、ともに進化することができる

では、男女が夫婦としてお互いにうまくやっていくためにはどんな心がまえが必要なのでしょうか？

ここで改めて、夫婦についての私の考えを述べておきたいと思います。

まず、結婚するということは、二つの異なる文化を持った男女が一つの家庭を築く異文化交流をするということですが、それ以前に、**お互いに生まれ育った家庭の文化の影響を多分に受けている**ことに間違いありません。

なぜなら、子どもは、自分の両親や祖父母たちの考え方や行動パターンなどを、無意識にまねしながら成長していくからです。なので、当然ながらそれぞれの家に異なる文化があるわけですが、それは世間全体から見たらとてもとても狭い世界です。ところが、誰もが自分の文化が狭い世界だとは思わず、他の文化との違いにも気づきにくいのです。

極端にいうと、それは日本とオーストラリアのアボリジニくらい文化の差があるかもしれません。そんなふうに、それぞれ異なる文化を持った一組の男女が、一つ屋根の下で一緒に暮らしはじめると、そこに異文化摩擦が起きる可能性と同時に、新たな進化がもたらされる可能性が生まれます。

進化とは、異なる形質が融合して発展的な変化を遂げ、別の視点からものを見たり、考えたりすることができることです。つまり、**夫婦とは、男女双方がお互いに異なる文化**

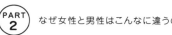

を理解し合う「異文化コミュニケーション」の関係。そこで、**ともに長所を活かせるように支え合えれば、二人で楽しくハッピーな人生を送ることができる、**これが私の提唱する**「夫婦のハッピー進化論」**です。

これは「陰陽が和合して太極（至福）に至る」という一つの宇宙の法則になぞらえることができるかもしれません。

なぜなら、宇宙の森羅万象は、二つの相対する性質が融合し合って生成し、循環しているからです。**男女・夫婦も視点や意見が違うからこそ、和して一つになれる**のです。

ただし、そこでもし自分の文化だけにこだわっていたら、必ず反目し合って、異文化摩擦の方向に進むことになります。なぜなら、誰もが自分が生まれ育った文化的な基準が「常識」だととらえていて、それとは違う相手の文化に対して「それは非常識だ」と思いがちだからです。

つまり、**自分が生まれ育った文化が判断の基準になっていて、他の文化、他の判断基準があることを知らないか、それを素直に認めるのは難しい**のです。

しかも、ほとんどのカップル・夫婦が、その判断基準や文化の違い、すなわち異文化を理解しないまま一緒に暮らしはじめることが多いのです。

これが夫婦間の異文化摩擦の原因です。なので、そこでお互いに反目し合わないように、あらかじめ遺伝子の中に、あばたもえくぼ的な作用をもたらす遺伝子がセットされていて、魂の縁がある相手と出会ったときに、そのスイッチがオンになるようになっているのではないか……。私はそんなふうに感じています。

もしそうだとすれば、結婚相手はどの異性でもいいわけではありません。**男女双方がお互いに補完し合いながら幸せになれる関係であることが、魂からみた夫婦の条件**といえるのではないでしょうか。ようするに、夫婦はそれぞれ性格や文化が違うからこそ学び合えるし、ともに成長しながらハッピーな人生を送ることができるのです。

実際に、私はこれまでさまざまなご夫婦とお会いしてきました。よく観察していると、どのカップルもお互いに正反対な性格だったり、対照的な親や家庭環境だったりと、文化的な差が際だっています。

一言でいうと、ほとんどといっていいほど、**奥さんと旦那さんはみごとに対照的**なのです。

たとえば、厳しい奥さんには優しい旦那さん、寄り添うタイプの奥さんには亭主関白な旦那さんがいるといったことです。

インドア派のもの静かな奥さんに対して、アウトドア派の陽気な旦那さん。

几帳面できれい好きな奥さんに対して、大ざっぱで、ずぼらな旦那さん。

苦労性の奥さんに対して、子どものように楽観的な旦那さん。

親の愛情をふんだんに受けてきた奥さんに対して、家庭愛に恵まれなかった旦那さん。

友だちみたいな親子関係の奥さんに対して、厳格な親に育てられた旦那さん。

子どもを切望する奥さんに対して、それは奥さんの問題だと突き放すような旦那さん

……etc.

こんなふうにおもしろいくらい違っています。もちろん、例外も少なくないかもしれませんが、**凸凹《でこぼこ》コンビがちょうどワンセット**になっている、そんな感じです。

でも、何かの縁で出会った二人の男女が、ただ両極端なタイプなだけなら結婚にまでは至らないはずです。そこで、他の人にとってはそれほどでもないことであっても、当人たちにとっては相手がとても素敵に見えたり、なぜか強く惹かれ合うなど、そこには磁石のように二人を強く結びつける「何か」があったはずです。

現に、いくら条件のよさそうな結婚相手を探していても、実際には、まわりが「えっ、その人でいいの!?」と思ってしまうような相手を選ぶことも少なくないからです。

そのような**目には見えない磁力こそ、「魂の縁」**だと思います。

だとすると、一組の男女が紆余曲折を得ながらも結婚にまで至るのは、決して表面的なものだけではないのでしょう。そこには、奥深い縁があるということかもしれません。

魂も進化し続けるとすれば、その進化は、異質なもの、太極なもの同士が混ざり合うことによって促されます。

もしかすると、**夫婦となる男女は、生まれる前にあえて自分とは対照的な人を結婚相手に選んできている**のではないでしょうか。対照的な面を持っている二人が、**「私たちが結ばれることでより幸せになれるよね！」と決めてきた相手こそ、今のあなたの**

旦那さんであり、あなたの奥さんなのでしょう。

そこでもし、子どもとの縁があるならば、宇宙で待機している赤ちゃんの魂が、絶妙なタイミングでこの世に降りて来てくれるのだと思います。

心配は心配を呼んで ハッピーな一歩を踏み出せなくなる

お互いの違いを認め合うこと、そして、**ともに長所を褒め合い、補い合いながら困難な状況を乗り越えてハッピーになる。それが魂から見た夫婦の共通の目的**ではないか——私はそんなふうにとらえています。

そのようにハッピーな夫婦関係を築いていくために必要なのは、前向きな気持ちです。不安や恐れが強くなってしまうと、「どうせうまくいかない」「このままだと離婚かな……」などとネガティブモードに陥ってしまうので、注意が必要です。

これは、脳はうまくいかなかったことにフォーカスしやすいという特徴もあるからです。実際、「あんなふうになったらどうしよう」「失敗するんじゃないか……」とついネガティブな想像をして、いつも不安で心配ばかりしている人も少なくありません。

不安や恐れは、扁桃体や海馬の働きの一部で、本来は過去の痛い経験などから、危険を察知して避ける必要があるために生まれた感情です。ところが、現代人の場合は、過去の出来事やまだ訪れていない未来にとらわれて、危険ではないときにも過剰に働いてしまっているのです。

不安や恐れは、本来はよりたくましく生き抜くためのものなのに、今は自分らしくハッピーに生きるうえでの、足かせになってしまっています。そうなると、「自分はなんて不幸なんだ」「もう幸せにはなれないんじゃないか……」というネガティブモードに入ってそこからなかなか抜けられず、自分がうまくいかない原因を外に探しはじめます。

最近も、こんな女性がクリニックに来られました。

仮にSさんとしますが、Sさんは実のお母さんから「虐待されてきた」というのです。「お母さんなんか死んじゃえばいい。でも簡単に死ぬんじゃなくて、苦しみながら死んでほしい」と強い恨みの感情を抱いていました。

そこで、「じゃあ、あなたのお母さんが本当に苦しみながら死んじゃったら、Sさんは幸せ?」と聞いたら、「……わからない」とのことでした。

（私）「お母さんがご飯をつくってくれたときに、美味しいと思ったことはないの?」

（Sさん）「美味しいっていったら、無視された」

（私）「でも、そこでお母さんを恨むんじゃなくて、ご飯をつくってくれたことにあなたが感謝できたらいいんじゃない」

（Sさん）「……」

こんなやりとりがあったのですが、これはSさんに限らず、幸せはあったはずなのに親から受けた仕打ちだけをあげつらって、ネガティブな感情を手放さないと決めている人が多いように思います。親にしてもらったことに対して感謝をするというプロセスがない人がけっこう多いのです。

そこで、感謝を促すように話を向けても、それが受け入れられず、苦しみから解放されないでいる……。猿が壺《つぼ》に手を入れて何かを握りしめ、手が抜けない状態とでもいうのでしょうか。手を放せば抜けるのに手放したくない、といっているようなものです。

こうなった場合、お産のときによく経験することですが、妊婦さんに親や親族への恨みつらみがあると、お産がこじれてうまくいかなくなることが経験的に多いのです。

一方で、「親にいやなことをいわれた」とそれまで傷ついていたのが、妊娠・出産を機に、過去の出来事を第三者の目で見られるようになって「親は私のことを思ってそんなふうに言ってくれていたのか」と気づく人もいます。

そのように、すぐに気持ちを切り替えて、過去のいやな体験が一瞬にして、オセロの駒のように全部幸せに変わっていく人もいます。

なんとか無事に赤ちゃんが生まれてくれると、親や親族の喜ぶ姿を見て、「あぁ、私が産まれたときにもこんなに喜んでかわいがってくれたんだろうな」と、ネガティブな感情も解放されて、わだかまりのあった関係がほぐれていくこともまれではありません。

これは、**一つの出来事をどの視点から見るかによって、感情や認識が変わる**ことを如実に示しています。

PART
3

イヌ型男子のしつけ方、ネコ型女子のなだめ方

ネコ型女子はイヌ型男子にとっての精神的なリーダー

ほとんどの旦那さんは、いくら表向きはいばっていたとしても、内心では「正直なところ奥さんには頭が上がらない」と思っています。

ということは、イヌ型男子にとって、ネコ型女子は精神的に自分よりも上の存在、つまり実質的なリーダーといってもいいでしょう。

なので、力関係に敏感なイヌ型男子は、**表面的には頼られたいものの、内心ではネコ型女子に裏で上手にリードしてもらいたいという心理が働いている**のです。渡辺京二さんの『逝きし世の面影』（葦書房刊）にも、明治初期に多くの外国人が日本を訪れ、日本の農村で主婦が家族から尊敬され、それに値するように賢く振る舞っていたという情景が描かれています。女性がそれぞれの家庭で尊重されていたことがうかがわれます。

だとしたら、ネコ型女子が上手にイヌ型男子をリードしてあげる、つまり、**奥さんのほうが旦那さんを優しくしつけてあげるほうが、夫婦関係はうまくいく**のではないでしょうか。

これは、生物学的に見ても、また脳の働きから見ても整合性があります。

いのちの継承、種の存続という観点から見たならば、イヌ型男子よりも、知恵や生命力のあるネコ型女子のほうが、サバイバル能力が高いのです。それゆえ、ネコ型女子は母系集団の中での共同養育によって子孫をどんどん増やします。一方、イヌ型男子は外で獲物を捕ってきて一所懸命に家族を養い、見守る。

基本的には、この役割分担が自然の理にかなっているということです。

これは、男性ホルモンと女性ホルモンの働きに加えて、腕力や持久力が高い追跡型（能動型）のイヌと、バランス感覚や瞬発力の高い待ち伏せ型（受動型）のネコの特質とも合致しています。

もちろん、例外はあるものの、基本的には**イヌとネコという補完し合える二つの性質が交わり合って、子孫繁栄と新たな文化の創造という進化がもたらされる**、ということです。

ここまでで、イヌ型男子とネコ型女子の違いについては、なんとなくご理解いただけたかと思います。

そこで次に、男女・夫婦が良好な異文化コミュニケーションを図るうえでのとっておきの秘訣についてお伝えしましょう。

それは、**相手の短所ではなくて、長所にフォーカスする**こと、そして、**お互いに相手の長所を伸ばせるような接し方をしましょう**、ということです。

特に、日本人は自己評価が低い人が多いせいか、身内に対しても長所を褒め合う習慣があまりなく、どうしても短所ばかりが目についてしまうようです。家族間でも「どうしてあなたは○○ができないの?」「そんなこともわからないの」などとダメ出しをしたり、外に対しても「うちのかみさんは家事ができなくて……」「うちの旦那は稼ぎが悪いから……」などと愚痴をいうことはあっても、大半のご夫婦は、相手のここが素晴らしいと褒めたり、長所を伸ばすような声がけをしていない。

これは平均点以上を取ることに必死になってきた、これまでの親のしつけ方や教育の影響などもあるかもしれません。

いずれにしても、パートナーの短所ばかりをあげつらったり、ダメ出しをしたりしていると、相手が不愉快になってケンカになるだけです。

それよりも、パートナーの長所をちゃんと褒めて、さらにもっと伸びるように背中を押してあげることが大事で、そんな接し方を心がければ反目し合うことなく、とても良好なコミュニケーションが図れるはずです。

照れくさくて直接言葉にできない場合は、ちょっとしたメモやカード、SNSなどを使って、お互いに褒め合うこともできるでしょう。

とりわけ、**イヌ型男子にとっては、褒められることが一番のモチベーションアップにつながるので、それだけネコ型女子の「しつけ力」が問われる**ところです。

お互いの長所を伸ばし合うことができれば、それぞれの短所も補い合えて、一人ではできなかったこともできるようになるし、それだけ喜びや楽しみも増えるでしょう。

そのようにお互いの性質を補い合いながら、二人の長所を進展させていくことが、より実りある異文化コミュニケーションといえるのではないでしょうか。

イヌの「しつけ」は、とにかく褒めてなでること

では、具体的にどうすれば良好なパートナーシップが築けるかというと、これまで述べてきたように、まず双方がお互いの特性や役割を踏まえたうえで、相手に対する尊重と思いやりをもって接すること。つまり、**ネコ型女子はイヌ型男子のハートに、イヌ型男**

子はネコ型女子のハートに寄り添うことではないでしょうか。

ハートというのは、その人の心情や本音（気持ち）のことです。

建前や上っ面ではなくて、いかに相手の気持ちをキャッチして、パートナーが「うれしい」「ハッピー！」と感じられるように接することができるかが、ハートに寄り添うという意味になります。イヌとネコでは言語が違うわけですが、そこで、**「この人は私を幸せにしようとしてくれている」というポジティブな気持ちが相手に伝われば、異文化の溝は埋まります。**

つまり、**一番大事なのは、相手を幸せにしてあげたいと思いやる気持ち。**そんな思いやりをもって相手の気持ちに寄り添えば、いらぬ誤解をしたりすることもなく、相手も喜んで期待に応えようとしてくれるのではないでしょうか。

聞き取り調査で、こんな話もありました。

ある奥さんに、「これまで旦那さんに何かプレゼントをもらったことはありますか？」

と質問したら、「何も買ってもらったことはないです」とのことでした。

念押しで、「結婚してからまったく何も買ってもらったことがない、ということはないんじゃないですか？」と尋ねたら、ちょっと間を置いて、「そういえば、結婚当初、花を買ってくれたことがあります」とのこと。

（私）「そのとき、どんな反応をされました？　喜ばれたんですか」

（奥さん）「いいえ、私が嫌いな花だったんです。だから『いらない！』って、すぐに捨てました」

これは、イヌ型男子にとってはとてもショッキングな反応ですが、ネコ型女子にはそれが理解できません。

なので、私はその奥さんに「旦那さんは前もって『何が欲しい？』と奥さんに聞くのが苦手なんです。なので、買ってきた物ではなくて、買ってこようとする気持ちを理解してあげてくださいね」と通訳してあげました。

では、イヌ型男子＝旦那さんに喜んで役割を果たしてもらう、つまり、優しくしつけるにはどうすればいいかというと……。

これは、天井画で有名な斎灯サトルさんから聞いた話ですが、彼によると、「野良犬でも2時間でしつけることはできますよ。基本的にはエサとヨシヨシです」と聞きました。

これを聞いたときに、夫とワンちゃんは一緒だと思ったのです。どちらも、とにかく「褒めてなでてあげる」こと、です。

しつけと聞くと、うまくできないときには叱る、という厳しいイメージがありますが、決してそうではないのですね。

ワンちゃんが一つの命令ができたときには、褒めてなでてあげ、また一つの命令が達

イヌ型旦那さんは褒めてのばす

成できたらそこでまた褒めて、なでながらエサをあげる、これがワンちゃんの上手なしつけ方です。

これをイヌ型旦那さんに当てはめるとどうなるか。

もうおわかりのように、**奥さんが満面の笑みで「ありがとう！」と感謝の言葉を伝えること**です。それには次の三つがポイントです。

①一度に多くを求めずに、そのつど言葉にして具体的に伝える。

②何かをしてもらったら、笑顔で「ありがとう！」「助かったぁ！」などと感謝の言葉を伝える。できればオーバーアクションかな、と思うくらいでちょうどいい。

③ことあるごとに頼りがいがあることを伝えるように心がけ、さらにやる気を奮起させる。

男性は、女性に頼られることでプライド（優越感）や承認欲求が満たされます。なので、何かをやってもらいたいときには必ず**言葉にして伝えるようにしましょう！**

男性は、言葉にしてあげないと先走ったり、トンチンカンな反応をしてしまうからです。その気にさせる言葉としては、幼い男の子に対していうように「すごいねー！」「さすがだね！」「すばらしい！」「素敵！」「頑張ってるね！」などがより効果的です。

イヌ型旦那さんは目的志向。具体的な言葉で指示しよう

指示する際には、男性脳は目的志向なので、**目的をはっきり示すように伝えましょう**。

理由はもうおわかりのように、ワンちゃんは言葉による命令にしか反応できないから。なので、何かを頼むときに「これやっといて」などというと、「何で?」と論理的に返され、スムーズに進みません。それに、なぜそれをしてほしいのか、理由も加えると、納得して

奥さんの希望どおりのことをしてくれます。

「○○が必要だからお願いしてもいい？」「今ちょっと手が離せないので、○○してもらえると助かるわ」というように指示をすると、伝わりやすいでしょう。


また、イヌ型男子は、ネコのように複雑な気持ちを察することが苦手で、過去に自分なりにチャレンジしたものの、急にネコが不機嫌になったり、黙ったりするので、自分のほうから「どうしてほしいの？」「何が必要か教えて？」と聞くことがなかなかできません。

たとえば買い物を頼むときなどは、「これと同じものを買ってきて」とか「○○メーカーの○○という商品だからね」などとできるだけ**具体的な指示を出すとよい**でしょう。「余計なものは買ってくるな」も、必要な情報です。

ワンちゃんにとっては、**「なぜそれが必要か？」ではなくて、リーダーである「奥さんが何を求めているか？」が一番大事で、素直にその命令に従おうとする**からです。

ですから、ワンちゃんが命令どおりに目的を達成したら、「すごーい！　よくできたねー」という気持ちで**満面の笑顔を見せながら、「ありがとう！」「助かったわぁ」などと伝**

えましょう。

そこでできれば、**ヨシヨシと頭をなでるなど身体に触れてあげるとよりベター**（ただし、ハグなどが苦手な人もいるので、その場合は言葉だけでも充分）です。

ワンちゃんは、**リーダーの笑顔とご褒美によって、自分がちゃんと命令を果たしたのか、それとも失敗したのかを理解する動物**だからです。

ここで、一つ注意点があります。

それは、奥さんがよく「忙しいのに悪いわねー」とか「ムリ言ってごめんね」といった「悪いわね」「ごめんね」という言葉は、旦那

イヌ型旦那さんへの
おすすめワードとNGワード

NG ワード	おすすめワード
悪いわね	すごいね!
ごめんね	さすがだね!
（成果に対して）認めない言葉	助かったわ!
	頑張ったね!
	うれしい!

さんにはあまりうれしくないのです。

ワンちゃんにとっては、ちゃんと命令を果たしてリーダーに喜んでもらうことが何よりもうれしいので、そんなネガティブな言葉は必要ありません。

「そうそう、これこれ！」「すごい！　よくわかったわねー」「私が欲しかったものをちゃんと買ってきてくれたからうれしいわ」などという**ポジティブな言葉が一番のご褒美**なのです。

もしそこで違ったものを買ってきた（失敗した）場合でも、決して怒ったり、叱ってはいけません。**叱られると、それだけでワンちゃんは自己否定されたととらえてしまいます。**

そんなときには、「あー、ちょっとわかりづらかったのね。でも次はきっと大丈夫よね、ありがとう」などと、ワンちゃんが**すねないように、まずは気持ちを受けとめたうえで、（演技でもいいので）励ましてあげましょう。**

ワンちゃんの喜んでもらいたかったという気持ちを受けとったうえで、「次はこれはいらないからね」と伝えれば、ワンちゃんは傷つくこともなく、そこで学習ができるのです。

もちろん、これは買い物に限らず、**どんな場合でも通用する「イヌ型男子のしつけ方」**です。ネコ型奥さんはその点を踏まえ、いつまでも幼い男子のようなイヌ型旦那さんをしつけていくとうまくいくと思います。

念のためにもう一度いっておきましょう。

満面の笑みで優しくなでてあげることが、ワンちゃんにとっての大好物！

なので、イヌ型男子の長所進展法は、満面の笑みで褒め言葉や感謝の言葉を伝えることと。ちなみに、私が行った聞き取り調査によると、奥さんが**毎日ご褒美の笑顔を見せなくても、**旦那さんにとっては、**週に1度か、月に1度くらいだけでもOK**なのだそうです!!

この**基本的なしつけさえできていれば、リーダーのことが大好きなイヌ型男子は、いつまでも忠実に尽くしてくれる**はずです。

どうですか、たったこれだけのことでイヌ型男子・旦那さんのしつけができるとしたら、安いものではないでしょうか。

イヌはネコを支配しようとせず、自由な時間を与えよう

次は、イヌ型男子に対するアドバイスです。

ネコ型女子＝奥さんへの寄り添い方としては、誰かに話をすることで感情を受けとめてもらいたいという女子の共感欲求を、パートナーである旦那さんが満たしてあげることです。その際のポイントは次の三つです。

①とにかく、パートナーである奥さんの話をじっくり聞く。

②ときおり、話の要点をちゃんと理解していることを、的確な言葉でフィードバックする。

③話の論理や整合性よりも相手の感情を受けとめ、自分の価値判断を差し挟んだり、

問題解決策を押しつけないこと。

特に、男性が女性に対してよくいいがちな、「何がいいたいのかわからない」「話が長いよ」などは禁句ですし、「その話とこの話はどう関係があるの？」などとロジカルな尋問はしないこと。女性の言いたいことの多くは愚痴です。何かしてくれとは言っていないのに、ワンちゃんには愚痴が何かしろと命令されているように聞こえてしまいます。

女性は自分の愚痴を愚痴と思っていません。ただ、だらだらを小言を言い続ける、というような現象が、それぞれのお宅でよく見られます。

旦那さんは、まず奥さんはただ愚痴を言いたいだけなんだと認識すること。単に自分の気持ちを聞いてくれる相手が欲しいだけで、ぬいぐるみよりも旦那がいい、というだけのことが多いと思います。

奥さんは、愚痴を言うとき、「これは愚痴だから黙って聞いて」と素直に伝えましょう。

一方、旦那さんは、愚痴の間に言葉を差し挟んではいけません。何か言われると、さらに奥さんのもやもやした気持ちはヒートアップしてしまいます。
そして愚痴を言いきったら、奥さんは「あーすっきりした。今のは愚痴だから全部忘れて。聞いてくれてありがとう」と言うようにすれば、旦那さんに何かしろという「命令」にはならず、旦那さんのせいではないことになります。これはとても大事なことです。

日常会話においても、「それなら前もって言ってくれればやったのに」「言ってくれなきゃわかんないよ！」などもNGで、この言葉に女性は傷つきます。なぜなら、女性脳にとってこの言葉は「察することを放棄する言葉」に聞こえ、寄り添ってほしいのに寄り添いたくないという宣言に聞こえるからです。

「ワンワン」と敵対的に吠え合うイヌ語に対して、「ニャーニャー」というネコ語は、対立よりも、お互いの共鳴度を確認し合う言葉なのです。

ネコ型女子への思いやりは、あくまで気持ちを察してあげること。そのために、男性は、**言われたことにすぐ反応するのではなく、女性脳とは言語の使い方が違うということをまず理解しておくことが重要**です。

人間の脳は、無意識下において1秒間に数千万ビットの情報を処理していて、その中で意識化できる＝言語を使って思考しているのは一秒間に126ビットだけです。

そこまで落とし込まないと、言葉によるコミュニケーションができないわけですが、男性はその言語化された情報だけに重点をおきやすい傾向があります。

それに対して女性は、**言語化されていない膨大な情報も同時にやりとりしながら、相手とコミュニケーションを図っている**のです。

なので、頭の中にある膨大な情報を、一つ一つ的確な言葉に置き換えながら相手に伝えることが、男性よりも苦手なのは仕方ないのです。男性は女性の話を黙ってよく聞きながら、言葉の背後にある（言葉にしにくい）微妙な感情を読み取ってあげることが大事です。これは練習を重ねていくしかありません。

もちろん、言語能力を高めることは男性にとっても同じように必要なことです。自分が相手に伝えたいことを誤解のないように正確に伝えられるのは小さい頃からの練習、つまり、たくさん場数をふむことで上達させていくしかないのです。

ですから、子育てのときには子どもに言いたいことを言わせる練習、大人は聞き取る練習が必要です。だいたい子どもの話を最後まで根気よく聞く大人はまずいません。子どもからすれば、愚痴を途中で遮られた奥さん状態になってしまいます。

夫婦関係がうまくいかない最大の理由の一つが、自分の気持ちや考えを相手に誤解されないように正確に伝える言語化の練習ができていないことです。

これは、愛しているがゆえに、パートナーのことをまるで自分の分身か延長のようにとらえてしまっているから。

しかし、どんなに魂の縁が深いからといっても、夫婦はまったく別人格であって、しかも対照的な存在です。特に一方的な話をしがちな男性は、女心（ネコの気持ち）をちゃんと読み取る心配りが大事です。同時にそれがネコ型女子の長所に学ぶ点でもあります。

お互いに適切な言語化の練習を重ねていくことで、いろいろなバージョンや多様性が身につくのです。右か左か、どちらが正しいか、間違っているかといった、二元的な考え方ではなく、二人で知恵を絞ることで第三の道を見出すことができるようになるでしょう。

長い夫婦生活の中で、根気よく二人でそんな練習を続けていくうちに、やがてはあうんの呼吸のように、「あれ」「それ」だけでもわかるようになっていくものです。

ところが、そこまでいかないうちに、結局誤解したまま離婚してしまうご夫婦も多いようで、それが誠に残念でなりません。でも、**お互いに愛と思いやりがあれば、その誤解は必ず超えられる**のです。

ようするに、ネコ型女子の長所進展法は、**旦那さんが、ただただ奥さんの感情に寄り添いながら共感してあげること。**たとえば、「いつも頑張ってくれているんだね」「気づかなかったけど、ありがとう」「それはつらかったね」などと、感謝やいたわりの言葉を優しくかけてあげましょう。

そして、プライドが高く気分屋のネコちゃんを、**自分と同じワンちゃんだと勘違いして、いつもベタベタしたり、無意識に支配・コントロールしようとしない**ことも、とても大切です。

ネコちゃんのその日の気分に応じて適切な距離を保ちながら、できるだけ自由な時間をつくってあげる。そうすればネコにも心の余裕ができて、ワンちゃんの大好きな笑顔も増えるはずです。

さらに、言葉による指示命令が苦手なネコちゃんのために、言われなくても自分から察してあげる訓練を重ねていきましょう。ワンちゃんへの信頼も深まって「幸せ感」もグッと増していくはずです。自分の特性を理解してくれて、本心をそのまま受けとめてくれれば、誰でもうれしいし、相手に対する感謝や思いやりも自然に芽生えてくると思います。

そんなふうにお互いに歩みよって、ハートに寄り添い合えれば、きっと二人の関係はうまくいくはずです。

「太陽のような存在」であるためには、お母さん（女性）が幸せであること

次に、家庭の中の「お母さん」という存在について、考えてみたいと思います。

昔から、**お母さん（ママ）は家の中の「太陽のような存在」**といわれます。確かに、お母さんが太陽のように明るく元気であれば、お父さんも機嫌がよくて、子どもたちも健やかに育つ傾向があります。


それを示す、次のような研究がイギリスで行われています。

ロンドン大学で行われた研究では、1万3000人の妊婦を対象にアンケートが施されました。アンケートには、「いやなことというのは起こり続け、何をしようが改善しないと思うか？」という質問がありました。

そして、それから16年後、そのときの妊婦さんが産んだ子どもたちを追跡調査したところ、先の質問に「そう思う」と答えた母親の子どもよりも、「そうは思わない」と答えた母親の子どものほうが、情緒面や学業面でより秀でていたというのです。

つまり、いやな出来事があっても、「自分でなんとかできる」「状況は自分次第で変えられる」と考えていた、前向きで楽観的なお母さんの子どもほど、健全な成長を遂げていたのです。

もちろん、どんな家庭でもいつも順風満帆《じゅんぷうまんぱん》とは限りません。

家族にとって困難な状況が訪れたとき、お母さんが、「何とかできる、大丈夫！」とどっしりとかまえて前向きな気持ちを持ってくれていれば、お父さんはもちろん、子どもたちも安心して持てる力を発揮できるに違いありません。

そんな「太陽のようなお母さん」の象徴は、もちろん満面の笑顔でしょう。

ということは、家族にとっての幸せは、いかにお母さんが笑顔でいられるかにかかっていて、そのためにはまずお**母さん自身が幸せを実感していること**、それがなければばかないません。

では、お母さんが幸せを感じるのはどんなときでしょう？

ネコ型女子の特性を思い出してみてください。そう、**ネコ型お母さんが最も幸せを感じるのは、家庭が平穏で、家族の安心・安全が充分に確保されている**ことです。

となると、やはり、お父さんの役割や接し方がその決め手となりそうです。普段のお父さんの言動が、無自覚にお母さんのストレスになっているとしたら、やがて、お母さんからキラキラした笑顔が消えうせて、ふと気づいたら、しかめっ面や仏頂面《ぶっちょうづら》になってしまっている……。そんなことになりかねないからです。

これは「天照大神《あまてらすおおみかみ》が岩戸に隠れた」に等しい、寒々とした光景です。それを避けるためにも、**家族がいつまでも平穏（安心・安全）でいられるように、夫婦が仲良く暮らしていくのが一番**です。

とはいうものの、基本的にイヌ型男子には、ほとんどといっていいほど「察して……」

は通じません。そんなときは、**ネコ型奥さんがリーダーとして、イヌ型旦那さんに対して優しくしつけをしてあげるほうが早い**のです。

もちろん、**旦那さんに頼りたい気持ちはやまやまでしょうが、それは言葉による指示を与えることによって結果的にかなえられる**のです。

いわば「損して得取れ」的な発想ですが、ワンちゃんのしつけはとにかく褒めてなでてあげることです。イヌ型旦那さんに対しても、満面の笑みでお願いし、やってもらったらその場で感謝の言葉を伝えるようにしましょう。

ただ、自分の感情や思いを言葉にして伝えることが苦手なネコ型女子にとって、それはストレスになるかもしれません。そこで大事なのは、なるべく他のストレスを溜めないことです。そのためには、**一人で好きなことができる自由時間を持つ**とよいでしょう。

男女が交わることで得られるシナジー効果とは?

子育て中のお母さん方は、いつも時間に追われ、育児ストレスに見舞われているので、一人きりになれる時間を確保することはとても大切です。

そもそも、24時間365日、一人で赤ちゃんにかまっていたら、どんな人でも頭がおかしくなってしまいます。

だから、昔の日本人も、いろいろな国の先住民たちもみんなで協力し合って子育てをしているわけで、それを考えれば、少なくとも**お母さんがホッとできる時間を確保することは、子育てにおいて必要不可欠な喫緊の課題**です。

これはある映画監督さんからお聞きしたのですが、そのお宅では奥さまは週に一度、「どこに行っても、何をしてもいい日」を設けていて、その日は監督がお子さんの面倒を見るようにしているそうです。

ところが、奥さまに「行っていいよ」といっても、出かけないらしいのです。理由を聞くと、奥さまは「何もしないで家にいたい」そうなのです。

いずれしても、このように**お母さんの「オフの日」**をつくっておくことがとても大事で、これはもちろん、毎日忙しく働いているお父さんにもいえることです。

せめて月に1回程度は、**お父さんにも「フリーの日」**を与えてあげる。それとは別に、子どもたちに思いっきり親に甘えていい一日を一年に一回でもいいのでつくってあげましょう。そうすると、子どもにとってはお父さんやお母さんを独占できる「こどもの日」にもなり得るわけです。

二人、三人と子どもがいれば、それぞれの子どもの特別な日を一年に一度くらいはつくってほしいと思います。そうすると、結果的にみんなストレスが解消できて、お父さんもお母さんに対して、もっと優しくなれると思います。家族で話し合って、お互いにボーッと

月に１回の母の日は、お母さんは好きな時間を過ごす。
お父さんと子どもは協力して家事を行い、
お母さんを休ませられる。

したり、ゆったりと過ごせる日を定期的に設けると、自分がしたいことを思いっきりでき、ストレス発散と同時にパートナーへの感謝も自然に湧いてくるでしょう。

このように、男女・夫婦が心に余裕を持って共同作業ができれば、もっと豊かで実りある暮らしがもたらされます。そんな**男女が混じり合う相乗効果**を示す、こんな報告もあります。

「男女が混じり合うシナジー効果」をテーマとした実験で、米国NASAの研究所において、月面探索にアクシデントを織り交ぜた三つのグループによるシミュレーション実験が行われました。

実験に参加したのは、男性のみのチーム、女性のみのチーム、男女混合チームの三つ。

男性のみのチームでは、「探索能力」は高かったものの、高い競争心がゆえに、「人命救助」が手薄になった。

一方、女性のみのチームの場合は、お互いを気遣いすぎるために探索が進まなかった。

最も効率よく探索ができたのは、男女混成チームで、このチームは「探索」と「安全」

を両立することができたそうです。

つまり、男女が混ざり合うことによって、男性の得意なことと女性の得意なことの両方が達成されたというわけです。一見相反するようなことであっても、男女がお互いの長所を活かし合いながら共同作業ができれば、みごとにその二つの目的を達成できるのです。

仲良し夫婦が増えることが世界平和につながる

夫婦が仲良く過ごしていれば、子どもも健やかに成長でき、またその子どもが大人になって仲のいい夫婦になれれば、温かい家庭の連鎖が続きます。

そんなハッピー夫婦・幸せ家族が世界中に増えていけば、他国と争ったり、地球を自滅させるような悲惨な戦争をすることもなくなって、世界平和も決して夢ではありません。

すべての争いの根源には、異なる文化、異なる価値観との対立があって、それを乗り越えられれば、多少の小競り合いはあっても激しい争いには至らないからです。

それとは逆に、自分とは異なる文化の相手に対して、見下したり、否定的な感情を持ってしまうと、激しい衝突や争いを生んでしまいます。

それは、国家と国家、民族と民族の間でも同じです。ようするに、戦争やテロの原因も、その根底には異文化に対する敵対心や排他性があるのです。

文化の争いが戦争を生む。

平和を望むのなら、まずは身近なところから、異なる文化の人との良好な関係を築いていくことが大事です。その意味で、**世界平和の最も土台となるのが、男女・夫婦の関係**といえるでしょう。

ところが、身近な関係とはいえ、いや、身近だからこそ陥りやすいのは、自分と相手との違いを認め合うことなく、無意識に自分を中心に考えたり、行動してしまうことです。つまり、**相手の文化を認めずに、自分が正しいと信じ込んでいる——まずはそこを改めて見直してみることが、円滑な異文化コミュニケーションの第一歩**です。

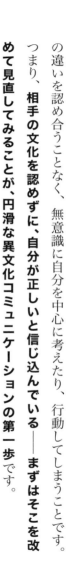

その際に大事なのは、パートナーは自分とはまったく別人格だという認識をはっきりと持つことです。夫婦になって距離がグッと近くなり、いつの間にかパートナーを自分の分身のように思ってしまいがちですが、そこに自己中心になってしまう落とし穴があります。**自分とは違う個性、むしろまったく正反対の性質を持っているからこそ、二人は惹かれ合った**のです。「自分が正しい」ではなく、「自分とは違う相手と、いかにいい関係を築いていくか」を意識しながらそれを行動に移していく。そのことが良好なコミュニケーションにつながります。

たとえば、何か判断するときにお互いの考え方が違っていた場合、「自分の考えは間違っていない（正しい）」と思うことはいいとして、それと同時に、「あなたの考えも正しい」ということを受け入れて、「じゃあ、どうしよう」と落としどころを二人で決められるかどうかです。

二人でよく話し合って、ときには自分の意見を優先してもらったり、ときには相手の意見に従ったり、あるいは第三の道を見出したりと、ケースバイケースで落としどころを見出していければ、激しく言い争ったり、どちらかが犠牲になったり、遺恨を残すこともないはずです。

とはいうものの、この世の物質的な価値観だけにとらわれていたら、どうしても自分中心になりがちです。

なので、やはり魂の縁や魂の成長といった、見えない世界があることを想定したほうが自己本位に陥りにくくなります。魂の絆を深められるように夫婦がお互いに歩み寄ることができれば、妊活中の夫婦は赤ちゃんも授かりやすくなると思います。

中には、そこに科学的根拠を求める人もいますが、それはある意味ナンセンスな話です。仮に、「では、あなたがここに存在する科学的根拠はなんですか?」と問うたとしても、誰もが納得できる根拠を示すことはできないでしょうし、そもそも今の科学で説明できるのは宇宙の真理のほんの一部で、ほとんどはいまだ謎のままだからです。
それよりも、**胎内記憶を持つ子どもたちの声や目に見えない世界に精通している人たちの意見に耳を傾けたり、自分の中にある直感や霊性といったものを知るほうが、納得感や幸福感を得られやすく、有意義な人生を送ることができる可能性もある**のではないでしょうか。

私は、この点が胎内記憶の研究の意義であり、また成果でもあると思っています。もちろん、それは夫婦それぞれなので、子どもを授かれないことや離婚が不幸などということではありません。

人生においてどんなことがあっても、**どうしたら自分と家族がよりハッピーな状態に近づけるかチャレンジしながら、想像力や知恵を絞って、困難な状況を乗り越えていくことが大事**なのです。そして、そのプロセスの中でパートナーに対する理解や愛情がより深まっていくのではないでしょうか。

PART 4

産婦人科医が語る子育てを通じた男女の役割と目的

お母さんの感情は子どもとお父さんの関係を左右する

子育ての役割は、女性ホルモンの豊かなお母さんが担っているといいました。

では、お父さんは何をすればいいと思いますか？

それは、わが子をただただ「かわいい」と思い、家族を守ることだと思います。

それは、なにも頭で考えることではありません。赤ちゃんが生まれたときに、お母さんのあとに赤ちゃんを自分の手で抱っこして、目と目を合わせればお互いにニコっとし合う、そこで自然に「かわいい」と思えるはずです。

そこで一つ問題があるとしたら、**妊娠中にお母さんがお父さんに対してどんな思いを持っているか**です。もし、お母さんが妊娠中、お父さんに対してネガティブな感情を持っていたら、赤ちゃんに「この人はいやな人」という情報を与えてしまうことになり、赤ちゃんはそんなお父さんに対して嫌悪感（先入観）を持ち、

「この人に抱っこされたくない」

「早くお母さんに抱っこされたい」

と思ってしまう可能性があるのです。

特に妊娠中は、**母子は一体化しているので、お母さんの感覚・感情はすべて赤ちゃんに伝わっている**と考えられます。この点については、トマス・バーニー著『胎児は見ている』（祥伝社刊）、デーヴィッド・チェンバレン著『誕生を記憶する子どもたち』（春秋社刊）などをご参照ください。

お母さんが身近な人に対してネガティブな感情を抱いていると、それがそのまま赤ちゃんにも伝わってしまうのです。

ということは、**赤ちゃんとお父さんを良好な関係にするかどうかは、ある意味お母さん次第**、ということになります。

赤ちゃんが無意識にお母さんの心情をダウンロードして、お父さんを好きになれないとしたら、お父さんとはじめて出会っても、ニコッとしない。

するとお父さんも「なんだ、この子はかわいくないなぁ」と感じてしまって、当然ながら二人の関係はぎこちなくなる可能性が高いでしょう。

反対に、ときどき意見の違いはあるにしても、基本的にお母さんとお父さんが仲良くしていれば、お腹の中の赤ちゃんにとっては一番心が安らいで、生まれてきた瞬間もお父さんを見てニコッと笑う可能性が高いと思います。実際に私のクリニックではお父さんを見てニコッと笑ったり、穏やかなお子さんは普通にいました。

少なくとも妊娠中は、お母さんはお腹の赤ちゃんに向かってお父さんを、

「この人があなたのお父さんだよ。あなたのお父さんは私たちを守ってくれるいい人よ」

「あなたも知っているとおり、ときどきケンカすることもあるけど、嫌いだからケンカをしているんじゃなくて、それは二人の意見が違うだけなの」

などと伝え、**赤ちゃんに安心感を与えてあげると、父子関係が俄然うまくいきやすくなります。**

お腹の赤ちゃんにとっては、お母さんとお父さんが仲良く、ともにハッピーな気持ちでいてくれていることが喜びです。

結局のところ、お母さんとお父さんが仲よく笑顔でいることが、一番大切な胎教です。

赤ちゃんはそんな二人の会話を、お母さんのお腹の中でしっかりキャッチしています。

特に妊娠5か月を過ぎると、胎児の言語中枢は相当発達していて、親が話している内容は独特の響きとしてキャッチできるようになります。「まだわからないだろう」ではなく、「この子は全部わかっている」との前提で、日頃からよく話しかけてあげてください。

そうすると、生まれてすぐに、親からの声かけに対してちゃんと表情や仕草などで応答するようになります。言葉を使わなくてもコミュニケーションをとりやすい子どもに育つのです。そして、言葉をしゃべれるようになったら、すぐに会話が成立するので、親子のコミュニケーションがとても円滑になります。

このように、**夫婦・家族の円滑なコミュニケーションは、赤ちゃんが生まれる前からはじめることができる**のです。

子どもはお母さんを評価する道具ではない

子育てに限りませんが、今は、**何をするにしても他人と自分を比べたり、人からどう見られているかが気になって仕方がないという人たちが多い**ようです。

つまり、自分で自分を肯定できていない、自尊感情や自己肯定感が低い人がとても多いのです。たぶんそれは、これまでの教育の中で、他人との比較で評価されてきた結果なのでしょう。

だから、いつも人からどう見られているか、承認・評価されているかどうかが一番気になって、心が不安定なまま、自分が本当にやりたいことができてないのではないかと思います。

世間の常識からちょっとズレると、自分に対するダメ出しスイッチがオンになってしまい、いつまで経っても自己受容ができずにいる……。これが**子育てに持ち込まれると、子どもの成長にもマイナスに働いてしまいます。**

たとえば、見かけ上の「幸せの平均値」よりも下にズレている場合は、子どもの個性や家族の事情はさておき、必至になって平均値に近づけようとし、またちょっとだけ上に出てもまわりからねたまれるので、ほどほどに「幸せ感」を演出してしまう。

そんな人も少なくないようですが、その場合の基準は「自分」ではなくて、あくまで他人、つまり、「世間体」やマスコミがつくった「常識」でしかありません。

しかし、それだと、「そういうことをするとお母さんが責められるから」「できの悪い親だと思われるからやめて」と、他人の基準で自分の子どもをしばっていくことになります。

子どもは、決してお母さんの評価を決めるための道具ではありません。お母さんを助けることはあっても、お母さんの承認欲求を満たすためや、お母さんの代わりに他人の評価を上げるために生きているわけではないのです。

子ども自身は、心の奥底（魂）では、「こうしたい」「自分はこれを体験したい」「今回の人生でなんとしてもこれを成し遂げたい」という目的や意図を必ず持って生まれてきています。もちろん、それが具体的に何なのかは人それぞれですが、「人を幸せにしたい」「人の役に立ちたい」という思いは共通しています。

その手段として、「僕は○○が好き」「私は○○がやりたい」と具体的な関心事を見つけて、それがやがて職種や仕事、ライフワークなどになっていくわけです。なので、子どもからすると、それを邪魔さえされなければ、勝手にその方向に進んでいきます。

ところが、多くの親御さんは、子どもの本当の気持ちややりたいことを推察することなく、あれやこれやと人生の道筋を勝手に示して、親の望む方向に誘導してしまいがちです。いうなれば、よけいなお節介なのですが、子どもは親に好かれたいし、その根底に愛情があるのを感じているので、自分のやりたいこととの間で葛藤しているのです。

そんな葛藤が続いてしまうと、「本当に自分がやりたいこと」や、今自分が感じている感覚や感情がわからなくなってしまい、人によっては引きこもってしまったり、何らかの形で爆発させてしまいます。

これは、**子どもの本心と親のエゴによるミスマッチの結果**です。

そうならないためには、お母さんでもいいし、お父さんでもいいので、子どもの気持ちにちゃんと耳を傾けて、たとえまわりからどんなふうに見られようとも、その子のやりたいことを邪魔しないようにしてあげてください。

夫婦は、視点や意見が違うからこそお互いに補完し合えるし、それが子どもにとってもバランスのいい刺激を与えるとともに、子どものやる気や楽しみを引き出す呼び水になると思います。

子どもの心に寄り添っていたら、お父さんとお母さんの意見が両方とも偏っていたとしても、そこで子どもは第三の道を示してくれるはずです。

現在子育て中の方や、これから子育てを考えている方は、ぜひこの点を心にとめておいていただければと思います。

お母さんの感情は、放射能よりも赤ちゃんに影響を与える

スピリチュアルな観点からすると、そもそも**「なぜ男と女という二つの性が生まれたのか？」**という疑問が生じるかもしれません。

そこで、ある一つの説をご紹介しておきましょう。

これは、あるヒーラーさんから聞いた話です。そのヒーラーさんは、瞑想を通して潜在能力を引き出す魂の教育者として活躍されています。この方が、宇宙人時代の過去世の記憶について話してくださいました。

以前は、地球では男女の区別はなかったそうです。本当かどうかはさておいて、聞いた話をそのままお伝えします。女性から男性が生まれるようになったのは、太古の時代にお

いて次のような出来事があったからだそうです。

・今から50万年ほど前、その頃はまだ男性は存在しておらず、女性だけで子どもが産めていた。つまり、その頃の地球は女性だけの世界だった。

・それは、今の人類とは遺伝子（染色体）が違っていて、植物と同じような染色体で、ただ遺伝情報をコピーするのでエラーは発生しなかった。

しかし、エラーが起きないと言うことは進化がないということでもあります。人類を進化させようと決めた、ある宇宙人グループが今の形の遺伝子につくり変え、その際、性別も導入したというのです。そのために遺伝子情報の伝達に、エラーがある程度起こるようになったというのです。

私との共著があるサアラさん（宇宙人の魂を持つワンダラー）は、そんな宇宙情報に精通された方ですが、サアラさんによると、遺伝子の研究所のことを「エデン」と呼び、世界中にいろいろな宇宙人のエデンがあったそうです。

まとめると、宇宙人は、最初は感情のない機械的な人間をつくったものの、やがて感情を持った人類へと進化させるために（女性から男性が生まれるように？）遺伝子操作をし、その末裔が今の地球人類だというわけです。もちろん、それが本当かどうかは私にはわかりませんが、世界中でいわれている、いろいろな混沌とした情報に似た内容が含まれているので、少しは可能性があるのかもしれません。

ヒーラーさんから聞いた、特に印象に残った話がありました。それは、**胎児に最も影響を与える**のは、身体によくないとされている添加物や電磁波、放射能よりも、**お母さんのネガティブな感情**だというのです。身体に悪影響を及ぼすこれらの物質の、１００倍も悪く影響するのだという話です。

これは最近、「エピジェネティクス」という言葉で知られるようになってきた、胎内環境は遺伝子の振る舞いを変えてしまう、という理論とも矛盾しない内容です。やはり、**お母さんがハッピーな気持ちでいること**が赤ちゃんにとっては一番いいことらしく、そのためにも、お父さんとお母さんの仲がいいことがより望ましいのです。

赤ちゃんは親を選んで生まれてくる⁉

ここからは、さらにスピリチュアルな視点から話を進めていきたいと思います。

胎内記憶を持つ子どもや大人たちの声を聞けば聞くほど、誰もが**魂の目的を果たすために、必要な親を選んでこの世に生まれてきている**ということがよくわかります。

つまり、赤ちゃんは、**自らお母さんを選んできている**らしいのです。

ということは、「親が勝手に産んだ」のではなく、「自分が親を選んで」生まれてきたということなのです。

では、赤ちゃんの魂は、どのようにしてお母さんのお腹に宿るのでしょうか？

これまで私が聞いた限りでは、卵子の記憶だけでなく、中には精子の記憶を持つ子どもや大人もいて、この人たちの話を総合すると、どうやら**赤ちゃんの魂は受精してほしい精子（お父さん）と卵子（お母さん）を同時に選んでいる**ようなのです。もちろん、その二人が引き寄せられるのは、魂レベルで約束した相手だからのようです。

さらに、これまでの胎内記憶の調査・研究によると、受精卵にちゃんと「魂」が宿らないと、どうやら妊娠しないようなのです。**赤ちゃんの魂は、お母さんとお父さんを選び、二人の卵子と精子を引き寄せ合い、その受精卵に宿る**ようなのです。

この知見は、人が胎内にいるときから死ぬまでのあらゆることを調査しているジャナン・ケルカル博士（インドのマナシャクティリサーチセンター）も同じ主張をしていて、受精は魂が宿らなければ起きない、と断言しておられました。

妊娠を望む女性は、ぜひそのことを理解しておいていただきたいと思います。また、不妊治療を扱う先生も、信じる、信じないはともかく、知っておいたほうがいい知識だと思います。

子どもの魂が両親を選んでこの世に誕生するプロセスは、「車」と「ドライバー」の関係にたとえるとわかりやすいかもしれません。

受精卵が「車」だとしたら、そこに「ドライバー」がいなければ、動かない。つまり、ストレスのない受精卵はどれ？

子どもの魂がちゃんと車（受精卵）の中に入ってこそ、母胎の中で胎児としての身体ができあがるということです。

赤ちゃんからすると、その約束し合った男女がやがて結ばれて、二人の共同作業によってつくり出される車（赤ちゃんの体）に乗車しようと試みているのです。

しかも、赤ちゃんの魂にもいろいろなタイプがいて、おのおの目的を持っているので、どんな車（体）でもいいというわけではありません。

一方、親からしたら、車の運転ならアイルトン・セナのような名ドライバーに来てもらいたいと思うかもしれませんが、なかなかそうはいきません。なぜなら、赤ちゃんには赤ちゃんのやりたいことがあるために生まれてくるので、必ずしも親の希望と同じではないこともあるからです。

ようするに、**それぞれの赤ちゃんの目的に見合ったお母さんやお父さん、つまり遺伝子や環境を選び、そこでつくられる車（体）を自分で運転しながら、この世での目的を果たしていく**のです。

中には初心者マークのドライバーもいれば、プロ並みの運転技術を持った古い魂もいますが、お母さんの都合だけでそのドライバーを決めることはできません。生まれてくる赤ちゃんと両親が相談して、お互いに生まれるね、産みますよという契約のもとに生まれてくるらしいのです。しかもその契約したことを、大人は忘れてしまいます。

もちろん、このような認識は今の医学にはありません。ただ物質としての精子と卵子が結合し、受精卵がうまく着床してくれればいいと思っているわけです。
だから、なかなか自然妊娠に至らない場合は、卵子を取り出し、精子と一緒に媒精し、胚盤胞まで成長させて子宮に戻す、ということまでやっているのですが、たとえていうと、いくら車をつくっても、そこにドライバー（魂）の存在がなければ動かない（成長しない）ということに思えます。

これらの話を前提にご両親がすべきことは、できるだけ質のいい受精卵をこれから来る赤ちゃんの魂に用意してあげることといえそうです。

具体的には、できるだけ活性酸素にさらされていない精子と卵子からなる新鮮な受精卵、ストレスのない卵です。活性酸素が多いと、卵の質が低下して受精障害を引き起こすことがわかっていて、たとえ受精しても卵がすでに老化（酸化）してしまっていることがあり得るのです。

つまり、ストレスが多い卵は老化していて、ストレスが少ない卵は新鮮で生命力が豊か。言い換えれば、ボロボロになった性能の悪い中古車か、それとも、ピカピカの性能のいい新車か、それが、お母さんが赤ちゃんに用意してあげられる「車」の性能の違いです。

もちろん、赤ちゃんにとっては、ピカピカの新車のほうがうれしいし、喜びも大きい。なので、できるだけストレスのない女性を見つけて「このお母さんがいいな」と思ってお腹に宿るケースも多いのではないかと推察されます。

とはいえ、どのお母さんを選ぶかは赤ちゃんの目的によっても違います。中には、「お母さんは誰でもいいけど、このお父さんの子どもに生まれたい」という記憶を持ってる子どもや、「産んでもらうだけでいい」と両親が離婚することを想定して生まれてきた子どももいます。したがって一概にはいえず、それはあらゆる人生がＯＫ、ということでもあるようです。

卵子が老化しているかどうかについてお話ししてきましたが、育児の専門家の意見や、感性論哲学の芳村思風先生などの意見を考えに入れると、いいお産というのは妊娠したり、出産したりした時点ではなく、**子どもが30歳になったときに、自立した一人前の大人になっていれば「いいお産」といえる**と思います。

なので、親が子どもに対して「こうなってほしい」という前に、子どもが何をしたくて自分たちを選んだのか、大人になったときにどんな大人になっているのか、と30年後くらい先をみて、妊娠・出産・育児に臨まれるとよいのではないかと思います。

「この子のやりたいことは何なのか？」に注意を向けてあげることが一番大事なのではないかと思います（子育てについてはパート5で詳述）。

そして当然ながら、**赤ちゃんにとっては、お母さんとお父さんの夫婦関係が良好なのが望ましい。そのためには、縁あって夫婦となった男女が、お互いの違いと役割を理解し合うこと**——これに尽きると思います。

女性ホルモンの源泉である子宮に感謝していますか？

そもそも、胎内記憶的な考え方だと**女性の身体を選んだのはその女性自身（本人）**です。本来は、ほとんどの女性が、ちゃんと赤ちゃんを授かる力を持っているはずです。男性が出産するのは、今のところはムリです。その意味においても、妊娠・出産は神さまから女性だけに与えられた特権であって、すばらしいギフトです。

ですから、ぜひ世の女性たちには、女性を支えている女性ホルモンの大いなる特性を活かしていただきたいのです。

そのためには、恋をしてワクワクすることはもちろん、自律神経のバランスが崩れないような生活習慣や、適度にリラックスタイムをもうけるなどの癒やしも必要で、同時に、第二の脳といわれる腸内環境を整えることもとても大切です。

特に、ストレスが溜まると女性ホルモンのバランスが崩れやすくなるので、常日頃からの注意が必要です。くれぐれも我慢のし過ぎは禁物です。

できるだけストレスを溜めないよう、ものごとにこだわらず、ハッピーに生きられれば、腸内環境の保全にもつながるでしょう。涙でしか出せない毒もあります。心に溜めた滓《おり》を、泣くことで早く出しきることも大切です。

それとは反対に、何か見返りを求めて人から承認や評価を得ようとすると、他人基準になり、結局ストレスが溜まって腸にもダメージが及びます。

他人基準をやめて、自分自身の内なる神さまと対話しながら、ハートで感じたことを信頼してください。そして自分なりに人助けをしていれば、他人がどう評価しようとまったく関係ないので、ストレスが溜まることもないでしょう。

そうすると、たとえば、身近な女性が自分よりも先に妊娠したり、出産をしたりしても、**他人軸ではなく自分軸で行動**すれば、嫉妬や羨望の気持ちを持つこともなく、心から祝福できるのではないでしょうか。

ようするに、まわりの人の目や評価を気にせずに、子育てを通じて自分自身が成長したい、そして人のために役立ちたいという純粋な思いがあるかどうかが大事で、それは今すぐ自分でできるストレスケアでもあるのです。もちろん、それは、たとえ子どもを授からなくても同じように大事なことです。

その意味で、人生において最も大切なのは、いかに自分自身の魂の輝きを大きく放てるか、に尽きると思います。

そこでもし、**あなたが今回の人生で子どもを授かりたいと望んでいるならば、女性ホルモンの源泉である、あなたの子宮と卵巣をどうか大切に扱ってあげてください。**

子宮は初潮から毎月月経を起こして、常に妊娠できるようにスタンバイしていたわけです。月経というのは赤ちゃんをいつでもつくれますよ、という準備を子宮がするために起こす現象とも考えられます。

ところが、初潮からずっと「生理痛がひどい」とか、「毎月めんどうだな」と子宮に文句ばかりいっていた人も多いのではないでしょうか。それが、急に子どもが欲しくなったからといって、子宮に意識を向けるのは、子宮にとっては迷惑な話、ということになります。子宮目線で考えると「今までさんざん頑張ってきて、そろそろ休もうかと思っているのに、急に赤ちゃん欲しいだなんて、挨拶もなしなの？（怒）」と子宮が怒り出しても不思議はないですよね。

女性器はまさに女性自身です。なので、**子宮を否定したり、無頓着でいると、自分自身に問題が生じます。**

女性器のトラブルを改善したり、子どもの魂にしっかりと宿ってもらったりするためには、まず最初に子宮に感謝したり、挨拶をしたりするなどして、ちゃんと向き合うことが大切と考えています。

現に、子宮が腫れていたり、月経痛があったりする方に、ちゃんと感謝や挨拶をするといいですよとアドバイスすると、それだけで子宮の腫れが小さくなったり、月経痛が収まったりするケースもあります。薬も何も使わずに、自分の子宮や卵巣に感謝やねぎらいの言葉をかけるだけでそんなことが起こるのですから、まさに**女性器はイコール自分自身。**

子宮や膣へのケアは自分自身を癒やし、大切にすることでもあるのです。

もちろん、これも、子どもを授かる・授からないに関わらず、また閉経後の女性であっても同じ傾向があります。

あなたの子宮や膣に対して、「いつも頑張ってくれて、ありがとう」「あなたのおかげで元気でいられるわ」「これからもどうぞよろしくね」などと自分を抱きしめるようなイメージで、温かい思いを届けてください。

そんなふうに子宮への感謝を届けることによって、自分自身も癒やされ、自然に自己肯定感も高まって、心の輝きも増していくことでしょう。

赤ちゃんはこじれた身内の関係がほぐれることを望んでいる

妊娠・出産以外でもそうですが、自分の視点を変えて見ることができれば、「不幸」が「幸福」に、「恐れ」が「楽しい」に瞬時に変わり得るのです。

そのときに、お母さんのかたくなな認識を変えるお手伝いをしてくれているのが、赤ちゃんです。

赤ちゃんの魂は、自分がその両親、家庭に産まれることで、こじれて固まってしまった親子関係や夫婦関係がほぐれることを望んでいる、しかも、すぐにそれがほどけないこともわかっていながら望んでいるということもあるようです。

たとえば、こんなケースもありました。

離婚直前で流産をしたある女性が、「流産をしたことで、旦那さんが今までずっと自分に優しく接してくれていたということに、改めて気づきました」と言われました。その奥さんは離婚をやめ、旦那さんとの関係がよくなったというのです。

もしかしたら、その赤ちゃんの魂は、そのために生まれる前に天国に帰ったのかもしれません。

このように、赤ちゃんは選んだ親たちの関係が、よりハッピーになることを願っているように思える出来事が、お産の現場ではたくさんあります。

妊婦さんと身内の関係が良好だと「いいお産」になりやすい

「スムースなお産」は、妊婦さんと身内の人との関係性がうまくいっていることでかないます。一方、人間関係が悪いとうまくお産が進まないことが、経験的によくあります。

ある妊婦さんの例ですが、よい陣痛がきているのになぜかうまく進まなくなったので、不思議に思って観察していると、どうやら実のお母さんが分娩室に入ってきたときに決まって陣痛が弱くなるということがわかりました。

そこでお母さんに、「お嬢さん（妊婦さん）との関係はどうでしたか？」と聞いてみたらいっぱい愚痴が出てきて、また妊婦さんもお母さんに不満がたくさんあったようです。

つまり、お互いにギスギスしていたことがお産にも影響していたのです。

この例以外にも、似たようなシチュエーションがたくさんあって、特に妊婦さんと実のお父さんとの関係が悪いと、かなりお産に影響が大きく出ることを何度も経験しています。

このように、お母さん（妊婦さん）の感情が情報として赤ちゃんに伝わることから、お母さんとお父さんはできるだけ仲のよいことが、赤ちゃんの心の栄養になるのは確かなように思われます。

このような胎教の大切さを知っておくことも、子育てを通して夫婦の円滑なコミュニケーションを育むうえで、とても大切なことだと思います。

ちなみに、「結婚不要。子育ては自分には必要ないな」と思っていた女性が、私たちが立ち上げた一般社団法人日本胎内記憶教育協会で行っている胎内記憶教育の講座を受けているうちに、急にスイッチが入ったようで、お相手が現われたかと思うと、あれよあれよという間に結婚、妊娠、出産されたケースもあります。しかも、そんな方は何人もいて、最高齢は47歳の初産で、何の問題もなく自然出産しています。

これを赤ちゃんの魂側から見ると、その女性がやっとお母さんになる心構えができたからこそ、満を持して天国から降りて来られたのかもしれません。

実際に、不妊治療を受けられている方々で、**顕在意識では「赤ちゃんが欲しい」と切望しているようでいて、潜在意識では「どうせ、私には赤ちゃんができない」と妊娠を拒んでいる女性も少なくないようです。**

そうすると、お母さんの心が暗くなります。いくら赤ちゃんとお母さんが契約していたとしても、赤ちゃんはお母さんの心の光を頼りにあちらの世界からお母さんを探すので、見つけることができないようです。

もちろん、それがすべてというわけではありませんが、不妊治療に頼る反面で無意識で妊娠・出産を拒んでいるケースもかなりあるということです。

ですから、自分の意識下、つまり本当は何を望んでいるのかが最も大切です。赤ちゃんはちゃんとご両親の意識下の意識を感じ取っています。

たとえていうと、赤ちゃんはお母さんの潜在意識を光として感じていて、魂の存在する多次元世界（空・天国）から、**そのお母さんの心の光輝きや色、形、温かさなどに反応して、自分にふさわしいお母さんを見つけてやってくる**らしいのです。

そのときの道しるべになるのが、お母さんの「心の輝き」なんだそうです。赤ちゃんにとっては灯台の光のようなものですね。

その灯台の光があまりにも暗いと見つけられないので、いつも明るくしておくイメージを持って生活していれば、赤ちゃんはお母さんを見つけやすいはずです。

お腹の赤ちゃんとの対話からはじめる「共育」のススメ

子どもたちは、親を助け、自分も成長したくて、自分の人生の目的にぴったりの両親を選んでやってきています。そして、成長過程において、自分だけでなく親も一緒に成長していくことを強く望んでいます。

ですから、これからは親が一方的に教え込もうとするのではなく、子どもの声を聞くことがとても大事なのです。その意味では、親も子とともに育つ「共育」といったほうがいいかもしれません。

実際に、子育ては、否応なく親も成長を促されるものです。そんな子どもの気持ちをいち早くキャッチするためには、**胎児の頃から対話を続けるのがオススメ**です。

私がお母さん方と取り組んでいる胎内記憶教育では、胎児との対話法も取り入れていますが、決してそれは難しいことではありません。**胎児との会話は「イメージする力」があれば誰でもできる**からです。

お母さんがリラックスした状態でお腹の赤ちゃんに深く意識を向けていると、赤ちゃんの声や希望が自然にイメージとして浮かんできます。深い呼吸とともに、お腹の赤ちゃんをイメージするだけで、お母さんはとてもリラックスして自分の身体と深く向き合っているからです。

これは顕在意識ではなく、非物質の潜在意識の世界です。潜在意識の世界は、量子やバイオフォトン（光子）の領域で、いわゆるテレパシーの世界です。つまり、赤ちゃんは、言葉ではなくて、態度、しぐさ、ボディランゲージのような表現によって、自分の感情や意図などのメッセージをお母さんに伝えることができるのです。

こうした「対話」を赤ちゃんが胎内にいるときから積極的に行っていると、出産後に、まだ目も見えない、耳も聞こえない出産直後からでも赤ちゃんとやりとりをすることが可能になります。なので、お母さん方は、そのあとも赤ちゃんがオシッコしたいのか、ウンチをしたいのか、おっぱいを欲しがっているのか、身体を動かしたいのか等々を即座にキャッチし、判断できるわけです。

非言語的なメッセージは、言語を使ったコミュニケーションよりも早く伝わります。このテレパシックなコミュニケーションを、胎内にいる赤ちゃんのときからはじめるのが、胎児との対話法です。

これを実践すると、お母さんはお腹の赤ちゃんが何を望んでいるかがわかるようになります。そこでもし、「ママ、大好きだよ！」という声が聞こえたなら、それだけでつらいつわりを乗り越えられるかもしれません。

また、お腹の赤ちゃんが「ママ、最近元気がないよ。もっと外に出ようよ」といってくれたと感じるなら、もしかするとそれは自分の身体からのメッセージかもしれません。

実際、**赤ちゃんの「言葉」を聞くことで、自分自身が楽になったという人はとても**

多いのです。

そんなふうに、決して特別に思わず、日々の小さな積み重ねの中で、できるだけ子どもとの対話を続けてみてください。大事なのは、お母さんがキャッチしたイメージや思いが「正しいか・間違っているか」ではありません。あくまでもお母さん自身がどう感じたかを、ハートで味わうようにしましょう。

中には、言葉をしゃべれるようになってから、「ママのお腹にいたときは○○だったよ」などと、胎内記憶について話し出す子どももいると思います。

そこでそれを否定したり、ことさら過大にとらえるのではなくて、「そうだったのね」と肯定的に受けとめ、普通の会話のように日常に取り入れていけば、子どもの潜在的な力が発揮されやすくなります。

そんなふうに、子どもが小さな頃から、記憶を引き出してあげたり、子どもの心に寄り添った対話を重ねていってあげたりすれば、とても頼もしい存在になってくれるはずです。

子育てのカギは子どもへの信頼

子どもは、小さい頃からよくイタズラをしたがります。

イタズラや忘れ物をして、「あー、やっちゃった！」とその体験から学んでいきます。

それを何度もくり返すことで、原因と結果の関係を知って、次にどうすればいいかという問題の解決方法を自分で探っていくわけです。

つまり、**子どもにとっては、イタズラや遊びがそのまま成長のための体験学習になる**んですね。ですから、子どものイタズラに対して頭ごなしに叱ったり、厳しく注意をするのではなく、

「どうしてそんなことをしたの？」

と、まず理由を聞いてあげましょう。子どもが「楽しかったから」と答えたら、

「そう、でもまわりの人は楽しいかな？」

と聞いてあげてください。子どもはそこで、「自分が楽しくて、人も楽しいこと」を選択する練習ができます。

子どもの気持ちを聞いて受けとめたあとで、

「ママは、みんなが楽しいことをしてもらいたいな。だから、そのイタズラは違うと思うんだけど」

などと、親としての考えを伝えると、子どもの理解も進むと思います。

ところが、これまでの杓子定規《しゃくしじょうぎ》なしつけや教育においては、子どもに失敗や回り道をさせまいと、「あれしちゃダメ、これしちゃダメ」と片っ端から抑えつけてきました。それではなんの学びも得られず（親が怖いという学習にはなりますが）、子どもにとってはただ「自分を否定された」というネガティブな感覚が残るだけです。

ですから、子どもがやってみたいことはどんどんやらせてあげましょう（もちろん危険がともなうことはそれなりに注意が必要ですが）。子どもはその体験を味わい、またやってみて味わう、その積み重ねの中で気づきや学びを得ていくのですから。

そんなふうに、**親や周囲の大人たちは、子どもの伸びる力を信頼して見守る**ことがとても大切だと思います。それと同時に、子どもに対する親の支配欲やゆがんだ投影に気づいて、それを克服できるように、自分たちも内省しながら成長を遂げていくことが望まれます。

子どもにとって大事なことは、前述した**「自分の気持ちや考えを相手に正しく伝える言語化」**の訓練です。

言葉をしゃべれるようになった子どもに必要なのは、非言語的な能力に加えて、異文化との円滑なコミュニケーションを図るための言語能力です。非言語能力とは直感やテレパシーなどの感じる力、一方、それを言葉や論理で確認するのが言語力といってもいいかもしれません。

非言語能力は主に右脳が主導、言語能力は左脳主導ですが、頭の中の膨大な情報を的確な言語に落とし込んでいく練習を重ねることによって、脳梁を介して左右両脳が活性化することになります。

つまり、脳科学的に見ると、**左脳と右脳の両方の連携をより強化することによって、言語能力を磨く**わけです。

これができていれば、いろいろな人と良好な関係が築け、人生のパートナーと出会ってからも、とても円滑なコミュニケーションが図れることから、ハッピーな夫婦関係を築きやすいのです。

これまで説明してきたイヌ・ネコ異文化論でおわかりのように、相手が自分と同じ文化であれば、言葉は不要。しかし、異文化間では、相手の文化に対する理解と共通認識が必要で、それを見出せなければ、いらぬ誤解や衝突が生じてしまい、たとえ悪気がなくても、結果的に反目し合うことになりかねません。

その点、直感や感性の豊かな子どもほど、左脳よりも右脳の機能が発達しているようです。言語機能は左脳がつかさどっていますから、大人になって異文化の人に誤解を受けないように、意識的に言語能力を磨いておく必要があります。

相手を愛している、また結婚したからといって、急に理解し合える関係になるわけ

ではないのです。ですから、できるだけ**子どもの頃からお母さんやお父さんとよく会話をしながら、相手とのコミュニケーションの中で適切な言葉が使えるように、子どもの言語能力を高めておくことがとても大切**です。

もちろん、これは夫婦間においても同じです。

極端なたとえですが、仮にイヌ型男子は、どこかの原住民のように、日本人にとってはまったく理解不能の言語が母国語だとします。かたやネコ型女子は、ロジカルな会話が苦手な典型的な日本人。この二人が一緒に暮らすとしたらどうなるでしょう!?

当然、最初は相手が何をいっているかさっぱりわからないでしょう。

しかし、根気よく一つ一つ手真似やボディランゲージで共通言語を探り出していって、自分たちの文化の違いと同時に、お互いの共通点や共通認識を見出すことができるようになれば、やがては複雑な気持ちや感情までも分かち合えるようになって、相手のことも正しく理解できて、ともに新たな融合文化を楽しめるようになるのではないでしょうか。

これこそ、夫婦からはじめる良好な異文化コミュニケーションの大いなる成果です!

PART 5

「異文化」が育む魂の成長

人助けのためにこの世に来たがっている宇宙の魂たち

たとえば、お母さんが出産に対して、強い不安や恐れ、また自己否定感やネガティブな感情などがあるとします。すると、せっかく赤ちゃんが人の役に立つという情報を持って生まれようとしていても、その情報が発動されず、かないにくいということがあります。

反対に、赤ちゃんを迎え入れることで幸せを感じ、赤ちゃんと一緒にいるだけでハッピーな気持ちになれるというお母さんがいます。すると、それだけで心の輝きが増して、赤ちゃんの発達が本来の願いをかなえる方向に進みはじめることになります。

ですので、妊娠を望んでいる方は、日頃からできるだけストレスを解放して、喜びを感じるような生活を送ることが大事です。それができれば心の輝きも増して、赤ちゃんに見そめられやすくなるのです。

もちろん、それが良い、悪いということではありません。しかし中には、当てにしていたお母さん候補がなかなか前に踏み出してくれないので、その女性の姉妹に宿って、甥っ子や姪っ子としてやってくるケースもあります。それだけ**この世に来たい魂たちがいる**ということです。

ある二人の能力者の方から聞いた話ですが、特に今は、世直しのためにやって来たい魂がたくさんいるのだけれど、**お母さん側の準備ができていなくて困っている**そうです。

そのせいか、なんと**セックスレスで子どもを身ごもってりっぱに出産している女性たちも増えている**のです（『セックスレスでもワクワクを求めてどんどん子宮にやってくるふしぎな子どもたち』池川明・咲弥共著　ヒカルランド刊）。

セックスレスなのに、生まれてきた子どもはお父さんにそっくりだったというケースもあり、もしかすると膣か子宮に残された父親の遺伝情報が、量子化して卵子にテレポーテーションするのかもしれません。

セックスレスの妊娠は単為生殖といわれていて、神話の中にはマリア受胎のように単為生殖の事例はときどきみられます。

哺乳類はゲノムインプリンティングがあり、雄と雌の両方のゲノムが必要で、単為生殖はない、と考えられていました。

ところが、2004年に日本で雌のゲノムだけでの単為生殖に成功したマウス「かぐや」が誕生したことから、人でも単為生殖の可能性がありうる、という地平が開けました。

ちなみに、漫画ブラックジャックに出てくるピノコは、卵巣にできた奇形腫からブラックジャックが取り出して人間にしたという設定になっています。この奇形腫は単為生殖で発生します。

もしかすると、なんとかして早く産まれようとする赤ちゃんの思いの強さで、単為生殖が起きるのかもしれません。

そんなふうに、「地球をもっとよくしたい」「地球を直したい」という勇気ある魂が増えている中、**胎内記憶を持つ子どもたちやお母さんたちの声に耳を澄ませることは、**赤ちゃんが欲しいご夫婦はもちろん、**すべての大人たちにとって、とても大切なこと**ではないでしょうか。

ほとんどの子どもたちに共通している、**お腹に宿りたいと思うお母さんの目印、心の灯台は、ただ「ハッピーで光り輝く」こと**のようです。

それには、知力も、財力も、社会的地位も関係ないようです。たとえていうなら、日常の小さなことであっても、人から何かしてもらったときに「ありがとう！」と笑顔で言える素直さ。

そして、毎日生きているだけで、イキイキ、ワクワクできる子どものような無邪気さを持っていること。そんなふうにハッピーでいれば、この世に赤ちゃんの魂たちが来やすくなるのだとしたら、**親になるということは、決してハードルの高いことではない**はずです。

よほど深刻な病気でもない限り、女性は本来子どもを持てる身体能力を有しているのだとしたら、意識で赤ちゃんを欲しいと思っていても、潜在意識がそれを拒んでいるのかもしれません。

その背景には、左脳偏重の社会に適応しようとして、ムリをしすぎてストレスでいっぱいになっていたり、古いしつけや教育、あるいは男性優位の価値観の影響で自己否定感があったり、自分の中の女性性を無意識に拒絶していたりする可能性もあるでしょう。

いずれにしても、いろいろな事情や環境変化によって、男性のような思考や行動パターンの女性が増えているのは残念でなりません。

今の子どもは自分とともに親を成長させる目的でやって来る

今の子どもたちは、生まれる前から「自分が何をしたいか」をしっかり決めてきています。具体的に何をするかは人それぞれですが、**「人を幸せにしたい」「人の役に立ちたい」という気持ちは同じで、自分の成長とともに親を成長させるという目的もある**ようです。

子どもの成長に親が関与するのは、子どもが30歳になるくらいまでで、そこが親の子どもに対する責任の一つのゴールです。子どもは、それまでに自分の意志でこうしたいと思うことをやりながら、人に対する思いやりを育てて一人の大人として立派に成長し、自立（自律）できていることが大切です。

つまり、**子どもには、小さい頃からできるだけやりたいことをやらせてあげ、邪魔をせずに、信頼しながら見守ってあげればいい**のではないかと思います。

ところが、多くの親御さんたち、特にお母さんは、「うちの子は○○が苦手で」とか「○○の成績が悪い」「○○さんと比べて劣っている」と子どもにダメ出しばかりしたり、身のまわりのこともお母さんが何でもやってしまいがちです。

ですが、子どもの成長にとっては、なんでもやってしまう親よりも、むしろ何もできない親のほうがいいようです。

なぜかというと、自分なりに**親を助けたり、親ができないことを自分がやれたときに、人の役に立てたという達成感が得られる**からです。

たとえば、小さい子どもが、お母さんと一緒に買い物に出かけ、スーパーの買い物袋を持ってあげたくて「ママ、これ持ってあげるー」と言ったとします。すると、お母さんから「ありがとう、すごく助かるわ」と言われると、達成感を得られるんですね。

そんなふうに親に感謝された子どもは、生まれてきた目的を一つ達成した感覚を得られます。いわゆる自分の存在理由を体感できるのです。

だから、子育てにおいては、背伸びして「できのいい親」になろうとしなくてもいいんです。むしろ、できの悪い親、子どもに助けられて素直に感謝できるような親のほうが、子どもにとってはやりがいや生きがいが得られやすいのです。

とはいえ、本当に親として何もできない、まったくしないでは困ります。なので、子どもが頑張って自分を超えていけるように、子どもの目線よりも少しかさ上げしていくことが大事です。

30歳
おめでとう!
育ててくれて
ありがとう
30さい

最初から大きな壁を立ててそこを超えられないようにするのではなくて、少しハードルを下げて、失敗も含めて子ども自身の体験を通してそこを超えてもらい、徐々にそのハードルを上げていくのです。やがて一人で自立できるように背中を押してあげる、これが親の役割ではないかと思います。

たとえば、3歳くらいになると「お母さん、ガスの元栓閉めた？」「ちゃんと鍵かけた？」と聞く子どもも多いですが、子どもはそんな小さな頃からお母さんを助けることで成長しようとしているのです。ですから、その子の気持ちをちゃんと受けとめて、子どもがやれることはできるだけやらせてあげるようにしましょう。

また、なんでも子どもにやってあげようとする完全主義的なお母さんがいる反面、「自分はちゃんと子育てができていない」「ダメ親だ」と自分を責めてしまっているお母さんもとても多いです。

そんな人ほど、いろいろな情報にふりまわされ、他の人の目や評価を気にします。

たとえば、子育て中についイライラして声を荒げてしまうこともあるでしょうが、そんなときに「感情的になった自分は悪い母親だ」と責めてしまう、そうすると結局育児に行き詰まってしまいます。

でも、感情的になってしまうというのは、生理的にみたらあたりまえの現象で、悪いことではありません。なにも自分を責める必要はないのです。もちろんイライラしないほうがいいのですが、そんな人はほとんどいません。

「まぁ、そういうこともあるよね」「さっきは大きな声を出してゴメンね」と気にとめなければいいし、赤ちゃんも「さっきはちょっと機嫌が悪かっただけ」と理解してくれているはずです。

子どもも大人も一緒に新しい時代をつくる

ところで、これからの時代の子育ては、どんなふうに進化していくのでしょうか。

宇宙の意識を持った子どもたちが次々に生まれてきていることからも、これからの時代は、**これまで常識とされてきた「子どもは両親が育てるもの」という考え自体も変わっていく**のではないかと思われます。

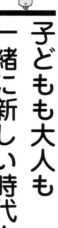

夫婦や家族単位の子育てだけはなくて、いろいろな人たちが育児に関わる共同養育の場が増えて、まさに「宇宙家族」のように、子どもも大人も一緒に成長・進化できるようになるのではないでしょうか。

また、いろいろな大人たちが子どもに関わる「チーム教育」のような新しい形ができれば、従来のような一人の教師の一面的な評価だけにとらわれることがなくなるので、子どもたちももっと自由になれて、個性や潜在的な力を開花させる可能性も開けるはずです。

宇宙から来たという子どもたちによると、地球よりも進化した星の教育は、地球とまったく違って楽しく、一人ひとりの個性や内なる叡知を最大限に活かしているようです。

今の地球文明がよくないわけではありませんが、どうやら、子どもたちの声によれば、より調和がとれた進化した文明のスタイルも宇宙には多く存在するようです。

そのような進化した文明に移行するためにも、大人も子どももともに感性を磨きながら、自分たちにとってより楽しくて居心地のいい場所づくりをしていきたいものです。

そうすればストレスも減り、他の人や他の生物たちにも優しくなれて、本当の意味で持続可能な社会ができるでしょう。

そう、今、地球も変わるとき！

より美しい地球へ甦生《そせい》していくためには、既存の社会システムが大きく変わる必要があります。それを変えることができるのは、私たち大人です。そしてそのために、今、多くの子どもたちが宇宙からヒントを持って来てくれているのです。

子どもたちが持っている膨大な愛とヒントを受けとるにはどうしたらよいでしょうか？それは**「子どもたちの声を聞くこと」**です。**大人が「教える」のではなくて、実は子どもが「たくさんの情報を持っている」ことに気づく……。**

それができれば、明るい未来の地球に行くことはたやすいでしょう。

そうでなければ、いろいろなところで行き詰まりを見せている今の地球人類の生き方も変わりません。せっかく誰もがハッピーになるためにこの世にやって来たのに、今のままではお先真っ暗で、未来に夢も希望もなくなってしまいます。

もしかすると、新型コロナウィルスは、そんなハッピーな時代に進化するためのきっかけを与えてくれているのかもしれません。

実際に今、多くの人たちがはじめたように、インターネットをうまく活用すれば、ムリして満員電車に乗って会社に通う必要もない人もたくさんいるし、いろいろな面でストレスが減って、それだけもっと創造的なことに時間やエネルギーを費やすことができるでしょう。

農作業が好きな人なら、地方に移って無農薬栽培にチャレンジしたり、地域で協力し合って子育てをしたり、新たに共同養育の場をつくったり、それぞれの地域に根ざした観光やオンラインビジネスを立ち上げるなど……。

今まさに、意識を変え、子どもたちとともに新しい世界をつくる時代がはじまっているのではないかと思います。

理性万能の時代から感性の時代へ

もう一点、これからの時代の親御さんたちに求められているのは、これまでの**理性中心の教育から、子どもたちの感性を育んでいくことにシフトする**ことだと思います。

理性とは、簡単にいうと1＋1＝2という論理で説明できる能力です。

これは、ものごとを分離して、比較分析する論理思考や善悪・正邪などの価値観をもたらしましたが、これまでの教育はこのようなかたい考え方が中心でした。

ところが、このような理性万能主義やそれにともなう物質主義的な生き方が行き詰まってしまっているのが、今の現代社会です。

それは、本来全体としてつながっていたものを分離・分断し、善悪二元論にとらわれたからです。その結果、幸せを感じる柔らかい感性が置き去りにされてしまい、生きにくい世界をつくり上げてしまったのです。

しかし、マヤ暦では、２０１２年の冬至より、時代はこれまでの理性型社会から新たな感性型社会へと大きく変わったといわれています。

お金や地位、物質的豊かさを求める、従来の「月の時代」から、愛や精神性、楽しさや喜びを与え合う、新たな「太陽の時代」に入ったのだ、と。

もちろん、大事なのは、理性と感性のバランス（中庸）です。ところが、時代が統合的な進化に向けて動いているのに、まだ古い分離感や価値観に縛られている人も多いので、宇宙から来た子どもたちの魂は生きづらさを感じているようです。

古い頭の親たちが、いまだに人と競争して、勝ち組・負け組といった枠組みの中に子どもたちを押し込めようとしているからです。しかし、新しい時代の子どもたちは、学力の向上や競争よりも、思う存分個性を発揮することや、他者の融和につながる生き方を望んでいるのです。

太陽の時代の特徴は、お金や地位とは関係なく、**自分が心から楽しく感じられ、そし**

て何より幸せであることが一番大切なことです。

ですから、大人たちもこの辺でいったん立ち止まって、自分や子どもが「本当に幸せかどうか？」「心の底から楽しんでいるか？」を感性で感じ取る必要があるのではないでしょうか。まだこれからもずっと我慢を強いられる理性中心主義で行くのか、それとも、自分の感性に従って思う存分人生を楽しむのかは、一人ひとりが決めることです。

つまり、古い価値観に縛られて、お金や地位の獲得のために必死になって苦しい競争を続けながら、子どもたちにも同じような生き方をさせるのか？　それとも、もっと各自が楽しんで、心から幸せを感じられるように、多様な価値観を認めながら融和し合い、自分も子どももハッピーと思えるような人生を送るのか？

まさに今、それが問われているのです。

念のためにいっておくと、理性的な考え方が悪いということではなくて、感性とのバランスが大事だということです。

まず感性（直感）を大切にすることです。そして、その感性を取り入れるかどうかは理性で判断していく、という順番で物事を見る練習が必要でしょう。

子育てにおいても、お父さんとお母さんのそれぞれ得意なほうが、お子さんの理性的な面と感性的な面の両方をバランスよく育んであげるように接してあげるとよいでしょう。

夢中になれることや幸せを追求することは、自分という存在を大切にすることです。それができれば、他の人の好きなことにも寛容になれて、結果、多様な文化を楽しめる豊かな社会になります。

その意味で、これまで「オタク」と呼ばれていた人たちは、時代を先取りしていたのかもしれません。

新型コロナウィルスの感染拡大予防のために、ステイホームが徹底されたことで、家の中で自分の好きなことに取り組む人が増えていますが、これはある意味、「一億総オタクの時代」が到来したともいえるでしょう。

今までは、楽しいことや好きなことをやるためには、一生懸命に勉強をしていい大学やいい会社に就職して、お金を貯めたり、資格を取ったり等々、いろいろな条件をクリアしないと「楽しめない」「幸せになれない」という考え方が支配的でした。

楽しいことや好きなことをやるためには、ずっと我慢しなければいけないと思ってきたわけです。

しかし今は、勉強ができなくても、お金がなくても、資格がなくても、とにかく楽しければやってみる！　動いてみる！　口に出していってみる！　そうすると、楽しいことや好きなことが少しずつ形になり、やがてそれがお金に変わったり、仕事になったりする時代です。

一番わかりやすいのが、パソコン一台さえあれば手軽にはじめることができるネット起業やテレワークですが、実際にユーチューブなどで人気が出ればそれだけで食べていける人がいることからも、今は企業よりも個人が強い時代になったといわれています。

これからの時代は、自分の持っている得意分野の能力を、最大限引き出していく時代です。そして、それを必要としている人や高い評価をしてくれる人たちからの支持が得られ、**楽しいことや好きなことが結果的に自分の身を助けてくれること**になるのです。

XD

夫婦の良好なコミュニケーションが楽しくハッピーな社会をつくる

これからは3次元社会の変化だけでなく、テレパシックなコミュニケーションが得意な子どもたちが増えてくるといわれています。物を介さない、非物質的な形での意識のインターネットも世界中に広がっていくことでしょう。

そうなれば、一人ひとりの能力や個性が思う存分発揮されると同時に、ゆるやかな横のつながり、融和的なネットワークも瞬時につくれるので、これまで一人ではできなかったいろいろなことが可能になると思います。

子どもたちの個性や潜在的な能力を引き出す新しい教育や文化、医療や経済の仕組みをみんなで創造しながら、国内はもとより世界中の人たちとシェアできれば、これまでよりもっと楽しく暮らせるはずです。

そうすれば、女性もホルモンバランスが回復してイキイキと輝けるし、男性も、そんないつまでも若々しい女性に気に入られたくて、一緒に楽しみながら自分の役割をしっかりと果たせるのではないでしょうか。

楽しくハッピーな社会へと進化するためにも、その土台となる、男女・夫婦間の良好な異文化コミュニケーションが切に望まれます。中でも、今の大人たちがよくよく注意しなくてはいけないのは、現在問題視されている**マルトリートメント（略してマルトリ）と呼ばれる子どもたちへの「不適切な養育」を未然に防ぐ**ことです。

たとえば、しつけと称して怒鳴りつけたり、脅したり、暴言をあびせるといった心理的虐待をはじめとするマルトリを受けると、子どもの脳が変形して、学習意欲の低下を招いたり、引きこもりになったり、大人になってから精神疾患を引き起こしたりする可能性があるのです。

脳は、魂から見たらアンテナです。そのアンテナを傷つけてしまうと、宇宙の情報を正確にキャッチできなくなってしまって、混乱をきたしてしまいます。

ですので、**マルトリによる子どもたちの脳への物理的な損傷は避けなければいけません。**さらに脳のアンテナ機能には、食べ物やお母さんの感情が大きく影響していることを社会全体でよくわきまえておきたいものです。

子どもに与えていいのは、虐待やコントロールではなくて、愛です。**愛とは、相手の存在そのものを無条件に受容し、そして信頼すること**です。

子どもに対しても、話をよく聞き、困っているときには手助けをし、そうでなければ手助けをせずに見守る、子どもを尊重し、信頼する子育てをすることです。

ところが、お母さん方にはなかなかそれを実践しにくい、というのが現実でしょう。

たとえば、ケガをしたり、熱が出たり、病気になったりすると、必要以上に心配してかまい過ぎてしまうケースがとても多いのです。子どもにとってはすべてが学びであって、病気になることさえ本人が決めてきている場合があります。

それを信じて、尊重してあげるのが親としての務めではないでしょうか？　もちろん、応援することは大切ですが、ほとんどの親が心配ばかりしていて、「ほんとに大丈夫？」とか、こうしなきゃダメ、ああしなきゃダメをくり返すばかりです。それでは子どもは「信頼されていない」「自分はダメな人間だ」と感じてしまいます。

そうなると30歳になっても自立できず、りっぱな大人にはなれません。これまでの大人たちは、そのように親から尊重も信頼もされずに、自己否定の感情を持ったまま生きてきた人たちが多いかもしれません。

でもこれからは、**私たち大人が、今の子どもたちを尊重し、「大丈夫！　きっとあなたはできるから!!」「あなたたちのやりたいことを自由にやってみて！」と、心から信頼して見守ってあげられるように、私たち自身も大きなチャレンジができるチャンスです。**

それができれば、子どもたちの自分を信じる力も高まって、今までの大人たちように人と比較したり、よけいなストレスにさいなまれることもなくなるでしょう。

さまざまな面で変化が求められているこの時代は、宇宙からやって来た子どもたちのためにも、ぜひストレスフリー社会を目指しましょう！

新たな文化を創造するために異文化コミュニケーション力を高めよう

なるべくストレスのない生活に切り替えて、活性酸素にさらされていない精子や卵子からなる若々しい受精卵ができるような環境が整えば、「人助けをしたい！」「地球を直したい！」と望んでいる魂たちもどんどん地球に降りて来やすくなるでしょう。

そして、胎内の赤ちゃんとの対話を続けているお母さん方は、お父さんとのコミュニケーションもよくなります。そうすると子どもと両親との関係もよくなり、家族間でのとても良好な連携と、それが後世にも続く「幸せの連鎖」が生まれます。

これが**家族みんながハッピーでいられる関係であって、子育てをする夫婦にとっての究極の目的**ではないかと思います。

たまに「子どもだけ産めれば旦那はいらない」という女性がいますし、これからの時代シングルで子育てする人も増えていますが、それぞれが幸せであれば、あらゆる状況が全部ＯＫのようです。

いずれにしても、私たちの誰もが今と違うものをつくり出す能力を持っているのは確かで、それを大いに活かせるのが異文化コミュニケーション力です。

だからこそ、一人ひとりが異なる感性や才能を持っていて、それぞれに文化の違う男女が魂の縁によって夫婦になっているのでしょう。実際ほとんどのご夫婦が、先述のとおり、みごとに両極端な性格や個性同士でカップルになっています。

それは、**すぐに離れられない関係だからこそ、二つの極性がいい感じで混じり合い、支え合うことで幸せをつかむ醍醐味がある**からです。そこでもし夫婦二人だけでは足りない場合は、天国（宇宙）から第三の通訳者として、子どもがやって来てくれるというわけです。

子育てをすることだけが夫婦の目的というわけでは決してなくて、二人で新しい文化をつくり出す、それが夫婦の目的であって、ときに困難さをともなうがゆえにその目的を達成したときの喜びもひとしおとなるのです。

そこでもし、創造のために子どもという存在が必要であれば、二人に合った赤ちゃんを授かるでしょう。そうでなければ授かる必要もないのです。また一人でも何かを生み出すのが楽しくてハッピーならば、もちろんシングルのままでもまったくＯＫ。

魂からすれば、人生においてどんな創造をしてみたいか、おおよそのことは決めてきているはずなのです。あとは実際にどれだけ行動に移し、ハッピーな人生を送るかでしょう。

もちろん、どんなものを創造するにしても、たった一人っきりでそれを達成することはできません。シングルの人であっても、カップルであっても、あるいはグループ単位であっても、結局のところ、**各自が周囲の人たちと係わり合うために、人生においていかに**

円滑な異文化コミュニケーション力を身につけられるかが、とても重要になってくるのではないでしょうか。

広い意味でいえば、この世は**イヌ型男子とネコ型女子によって継ぎ合わされるパッチワーク**のような世界です。この二つの異なる文化を上手につなぎ合わせることができれば、世界にたった一つしかないパッチワークをつくり出すことができます。

あなたは、**今回の人生において、誰と、どんなふうにユニークなパッチワークをつくり出しますか!?**

おわりに

男女、夫婦のイヌ・ネコ異文化論、いかがだったでしょうか？

今回は初の男女・夫婦論を書かせていただきましたが、これまで私は主に胎内記憶に関する本を中心に手がけてきました。

かれこれ20年以上、胎内記憶の聞き取り調査をしてきたのですが、ここ数年変わってきたことがあります。

２０１０年頃までは、「雲の上からママのお腹に来た」という子どもが多かったのですが、本文でも述べたように、近年は「宇宙から来た」「星から来た」という子どもたちが明らかに増えました。その目的を聞くと「地球を救いに来た」という子が多いのです。

そんな今の子どもたちは、昔と比べると圧倒的に個性的です。

従来の枠にはまらないので、古い大人たちは、彼らに対して「発達障害」や「適応障害」というレッテルを貼って、何か劣った人か変人扱いしがちですが、彼らは20世紀型の子育てや教育ではおさまりきらないだけなのです。

宇宙から来たという子どもたちが、地球の進化を促すために来たのであれば、なおさらその受け皿となったお母さんとの関係が重要になってきます。もしお母さんと子どものコミュニケーションがこれまでと根本的に変われば、きっと地球は明るい方向に変わっていくでしょう。

そして、今この瞬間にも、「人のために役に立ちたい」「地球をなんとかよくしたい」と願っている5次元の魂たちがいて、お母さんになってくれそうな、ハートの輝きを放っている女性たちを、空の上から探しているに違いありません。

なので、私は、今の医学からは否定的に見られようとも、そのような子どもたちの切なる思いと彼らの明るい将来のためにも、彼らとともにこれからも胎内記憶に関する情報をどんどん発信したいと思っています。

もちろん、胎内記憶の調査・研究によって、「いいお産」についての考え方もより深まりました。それは、何よりもお母さんとお父さんの関係がいいこと、つまり夫婦間の誤解がない、良好なコミュニケーションが結果的に「いいお産」につながるということです。イヌ・ネコ夫婦が、良好な異文化コミュニケーションを図る第一歩は、日常の小さなことでいいので、相手が何かしてくれたときに、お互いに「ありがとう！」とちゃんと言葉で伝える習慣をつくることです。

相手に対する感謝や思いやりが、理解を深めます。そして相手に対する理解があれば、自分本位の決めつけや不要な争いもなくなって、とてもいい関係が築けるのです。

仲良しイヌ・ネコ夫婦が増えていけば、もっともっと育児が楽しくなって、現在のような、産後うつや育児疲れによるＤＶも減るでしょう。さらには、よくある夫婦の勘違い（異文化摩擦）による離婚も減るかもしれません。子どもたちが幸せに育つ家庭が増えて、やがて、世界に平和がもたらされることでしょう。

本書を手にしてくださったあなたも、どうかそんな温かい家庭を築いていってくださることを願ってやみません。

最後になりましたが、本書の出版をお声がけくださった株式会社ＢＡＢジャパン企画出版部の福元美月様、並びに同社の東口敏郎社長様、そして本書の構成をしてくださった小笠原英晃様に、心より厚く御礼申し上げます。

令和2年7月吉日

池川　明

池川 明（いけがわ あきら）

医学博士。池川クリニック院長。1999 年より、胎内記憶に関する研究をはじめ、全国保険医団体連合医療研究集会、FIGO（国際産婦人科学会）で「胎内記憶」について発表し、メディアで話題になる。胎内記憶研究の第一人者として、北米、ヨーロッパ、台湾など世界中で講演し、出産を通じて豊かな人生を生きることを説く。2018 年日本胎内記憶教育協会を立ち上げ、胎内記憶の普及活動と講師養成に力を入れる。著書に『前世を記憶する日本の子どもたち』（ソレイユ出版）、『子どもはあなたに大切なことを伝えるために生まれてきた。』（青春出版社）、『生まれた意味を知れば、人は一瞬で変われる』（中央公論新社）等多数。

池川クリニック　http://ikegawaclinic.net/
池川明公式 WEB サイト　http://ikegawaakira.com/
胎内記憶ネットワーク　http://prenatalmemory.net/

男と女は、イヌとネコ

違いがわかればもっとハッピー！　夫婦の異文化交流術

2020年10月1日　初版第1刷発行

著　者　池川　明
発行者　東口 敏郎
発行所　株式会社ＢＡＢジャパン
〒151-0073 東京都渋谷区笹塚1-30-11 4F・5F
TEL: 03-3469-0135　FAX: 03-3469-0162
URL: http://www.bab.co.jp/　E-mail: shop@bab.co.jp
郵便振替00140-7-116767
印刷・製本　中央精版印刷株式会社

ISBN978-4-8142-0341-3 C2011

編集協力　小笠原英晃
イラスト　佐藤 未摘
デザイン　大口 裕子

BOOK Collection

強運、金運、龍神を味方につける最幸の法則

強・金・龍

お金の流れは大きな運河。手を入れてすくい取るのよ !! この本が目にとまったあなた最幸の人生が待ってるわよ! のべ 10 万人を鑑定! 富と豊かさと幸せを手に入れる最強の運気アップ術を愛にあふれた激辛口で指南! 「美は執念」「自分の機嫌は自分でとる」「心臓にファーを生やす」など、個性的な表現で読者を魅了する竜庵先生が、人生を大成功させている秘訣を語ります !!

●竜庵 著 ●四六判 ●224頁 ●本体1,500円+税

精神科医・香山リカが教える!

セラピストのためのやさしい精神医学

人々の心と身体をケアする、癒しのプロたちに役立つ知識と方法! セラピストと医師は、協力し合いながら人を幸せに導く仲間である。医学的診断や薬の処方とは別の方法でクライアントに寄り添う、健康生活の統合的な支援者になるヒントが満載! 心理カウンセリングの第一人者浮世満理子氏との対談も収録! アロマセラピスト、リフレクソロジスト、心理カウンセラー、整体師…etc. 必読の1冊!

●香山リカ 著 ●四六判 ●188頁 ●本体1,400円+税

対談集　佐々木薫×21人

アロマとハーブの魅力が人をつなぐ

アロマテラピーの第一人者、佐々木薫さんがスペシャリストたちをゲストに迎え、植物の力に導かれるまま、大いに語り合います。★癒やす：心身の健康に尽力し、人々を癒やすスペシャリスト／究める：深く探求していくことで、真髄を究めるスペシャリスト／つくる：さまざまな手段で、感動をつくり出すスペシャリスト／伝える：五感を通じて、心に気づきと発見をもたらすスペシャリスト／つなぐ：人と人、過去・現在を未来へつなぐスペシャリスト

●佐々木薫 著 ●四六判 ●224頁 ●本体1,500円+税

"あの人"との境界線の引き方

セラピストのための バウンダリーの教科書

〈境界線〜バウンダリー〜とは?〉 人と人の間などにある、心理的・物理的な境界線のこと。本書は、人間関係がクリアになる新しい「関係性」の専門書です。正しい「境界線（バウンダリー）」が引けるようになれば、問題や悩みは必ず解決できます! 今までに経験したことがないような心地良い関係を築けるようになるでしょう。

●山本美穂子 著 ●A5判 ●272頁 ●本体1,500円+税

「ソウルカラー」（宿命の色）と「テーマカラー」（運命の色）を知れば

人生はいつでもリセットできる

輪廻伝承（りんねでんしょう）一人は皆、8 つの色に当てはまる！ あなたは何色？ 人生が思うようにいかない人は、進むべき道 (生き方、仕事など) が違うため、すぐにリセットすべきだった。過去世から受け継ぐ「宿命」を完結し、「運命」を変える！ 自分の「色」を知るだけで、努力なしに、すべてうまくいく！ 自分の「ソウルカラー (宿命の色)」「テーマカラー (運命の色)」も簡単にわかる！

●角田よしかず 著 ●四六判 ●256頁 ●本体1,300円+税